AF359085

SUPPLÉMENT

ET SUITE

AUX MÉMOIRES

DU SIEUR

DE BETTE D'ETIENVILLE,

ANCIEN CHIRURGIEN SOUS-AIDE-MAJOR,

Pour servir de Réponse aux différens Mémoires faits contre lui.

A PARIS,

De l'Imprimerie d'André-Charles CAILLEAU, Libraire, & Imprimeur
de la Prévôté de l'Hôtel du ROI, rue Gallande, N°. 64.

M. DCC. LXXXVI.

Le degré d'importance que vient d'acquérir cette Affaire, par le Mémoire des Marchands & infiniment plus encore par celui de M. le Cardinal, semble exposer à la censure le style de ce Supplément. Il était imprimé avant ces deux Mémoires, & on ne le conserve que pour montrer ce qu'à toujours été le sieur d'Etienville dans sa prison; il a tout le calme de l'innocence; nous nous peignons dans nos écrits; & cette production servira à faire connoître la tranquillité de sa conscience. Au surplus sa réponse au Mémoire de cette Éminence n'en perdra rien de sa dignité.

SUPPLÉMENT

AUX MÉMOIRES

DU SIEUR DE BETTE D'ÉTIENVILLE,

Ancien Chirurgien Sous – Aide – Major des Hôpitaux Militaires.

L'IMPORTANCE de l'affaire où j'ai eu le malheur de me trouver impliqué ne m'avoit pas permis de m'occuper des anecdotes de ma vie, en ce qu'elles ne concernoient que moi ; j'aurois cru manquer au public ; je m'étois fait juſtice ; je ſavois que je ne pouvois l'intéreſſer qu'autant que ma cauſe étoit liée à celle des illuſtres Accuſés ; mais la calomnie n'a pas fait grace à mes motifs ; on me déchire, on me repréſente comme banni de mon pays : &, bientôt, me donnant un goût pour les voyages & pour les rapines, on me tranſplante à Marſeille, où je n'ai jamais mis le pied & d'où l'on me bannit encore.

Quel état ! Un de mes Compatriotes me preſſe de donner ces détails ; il veut que je le nomme, comme prêt à donner à mes ennemis un démenti généreux ; il me fait part de leur

A

activité à me nuire. Homme vertueux je vous obéirai ! je publierai vos détails; mais je ne me permettrai pas de vous nommer . je ne vous exposerai pas fur cette mer agitée que vous ne connoissez pas ; vous m'ordonnez de me vaincre & de bannir la tristesse de ce récit ; eh bien , j'achève d'épuiser la lie du Calice ; & je prends le ton qui convient aux anecdotes que vous m'ordonnez de publier (1).

---

(1) *Saint-Omer, ce 23 Mars 1786.*

« J'ai reçu , Monsieur, votre Lettre , & un exemplaire de votre
» second Mémoire , je desire bien sincérement que votre exposé
» soit aussi vrai qu'il en a l'air ; l'on en impose difficilement à des Juges
» éclairés : Si ce que vous marquez, touchant votre confrontation , est
» réelle , je vous crois innocent, touchant le fond de l'affaire, mais très-
» coupable, par votre bonhommie & votre crédulité ; vous devez penser
» que toutes les actions de votre vie vont être recherchées scrupuleuse-
» ment. Heureux , si elles peuvent être à votre avantage.

» Vous savez que chacun a ses amis comme ses ennemis : que
» plus l'on est malheureux par l'apparence , plus l'on nous écrase:
» c'est ce que je vois tous les jours à votre sujet , dans votre ville, où à
» peine vous êtes connu. Vous avez sçu les bruits qui s'étoient répandus
» après l'apparition du sieur de Précourt, comme il y a ici une personne
» qui vous a fait du mal sans que vous l'ayez mérité ; cette même per-
» sonne à qui il importe de tenir les esprits dans la persuasion que vous
» êtes un mauvais sujet, ne cesse à tous propos de vous donner cette
» épithète.

» S'il disoit le contraire , l'on pourroit suspecter sa conduite : à l'égard
» de la perte de votre place, comme c'est un personnage dans cette ville:
» qu'il y a un état fait : que vous êtes un Être peu connu , ne tenant à
» rien ; il a l'air de dire la vérité & donne de vous une idée désavanta-
» geuse. Voilà , Monsieur, ce que je me proposois de vous écrire il y a
» déja long-temps ; je sais qu'on a fait ici des recherches tant sur

Je n'ai point acquis la même importance que M. le Comte de Cagliostro, aussi n'ai-je pas le droit de me plaindre, aussi amèrement que lui, du peu de justice que l'on nous rend. On ne craint pas de nous classer l'un & l'autre parmi les *Barbiers*.

» votre conduite, votre fortune, que votre probité. Malheur si ceux » qui ont été consultés n'ont donné d'autres renseignements que ceux » qu'ils ont eu de cette personne ; c'est pourquoi si vous étiez obligé » de donner un exposé de vos actions depuis l'âge de raison, vous de- » vez détailler celle de votre sortie de Saint Omer par la perte de votre » place. Comme vous devez savoir mieux que personne tous les moyens »qui ont été pour, comme contre, je ne vous en dirai rien de plus ».

La même personne qui m'a écrit cette lettre, m'en a écrit une autre le 26 Mars, où elle s'explique de cette sorte.

»Je crois devoir vous envoyer, M., une note de votre histoire, » parce que je crois que vous ne pouvez manquer de l'adapter à » votre premier Mémoire ; vu les informations qui ont été faites ici, » & qui, selon toute apparence, ne seront point en votre faveur. J'ai » entendu lire ce matin la note de votre lettre, tout le monde a été » bien aise que vous l'ayez si bien détaillée. Monsieur » a été atterré de. . . . . au point que tout le monde s'en est apperçu. » Je scais qu'il a été chargé de la part de M. » de faire des informations à votre sujet ; je crains que cette note ne » lui ait fait peine, ou bien qu'il se reproche celle qu'il auroit pu en- »voyer contre vous.»

Après m'avoir rappellé lui-même les anecdotes de ma vie ; cet ami généreux ajoute dans une autre partie de cette lettre : «Vous senti- » rez bien que je n'ai pu rien dire, ni de votre mariage, ni de votre » entrevue avec M. de Calonne & la Princesse de R. . . ., c'est-à-vous, »à vous en ressouvenir, & de rendre l'histoire telle qu'elle est, & au »naturel, ceux à qui je l'ai racontée ont resté immobiles à cette » calomnie. «

J'ai mis ces deux Lettres en original sous les yeux de mon Conseil.

4

Plus heureux que moi , sa justification s'opère d'elle-même.
Les peuples voisins de Trebisonde & de Medine sont peu jaloux de frisure ; le rasoir & le peigne ne sont guères un moyen
de parvenir , parmi les Asiatiques & en général parmi les Orien-
taux. On sait que ces peuples fastueux comparent le Turban (1)
de chaque particulier au diadême des Rois ; & qu'une longue
barbe est un signe d'une grande vénération. Leur front & leur
sein , majestueusement ombragés & couverts , valent bien,
à vrai dire, les boucles souvent postiches de nos petits Maîtres
Européens ; & un Philosophe réformateur qui pourroit nous
décider à laisser ces parures aux femmes , ne seroit peut-être
pas l'ennemi de leur sexe ni celui du nôtre.

Au surplus , laissons-là les Philosophes : contentons-nous
d'observer que le Comte de Caglioftro est justifié de cette
imputation , par cela seul qu'il a été élevé en Arabie (2).

<hr>

(1) Les Arabes remercient Dieu de quatre choses : la première,
d'être nés Arabes; la seconde, de n'avoir jamais été assujettis ; la troisième,
de *porter le turban au lieu de diadême*, & la quatrième , de porter le
cimeterre au lieu d'épée.

(2) L'existence de cet étranger est bien extraordinaire ; il vit , il
converse au milieu de nous : & , cependant son origine est déja consa-
crée par la Fable ; elle est aussi incertaine que celle de Vénus & des
Héros fabuleux. Plus malheureux que Théfée, il fait des prodiges, & ne
peut se flatter de parvenir à se faire reconnoître par son pere. Dans
moins d'un demi siecle, si la confiance qu'il inspire se propage , la
Fiction mêlant ses agréables mensonges aux erreurs ou aux singularités
reçues & adoptées, on le dira fils d'un Dervis avec une espèce de divinité
maritime, que le hasard avoit jetté dans l'Isle où commandoit ce Dervis.

Je dis des vérités que le temps découvre successivement : & l'on me
diffame ; je ne me plains pas de l'enthousiasme qu'excite M. le Comte de
Caglioftro, aussi croyable & aussi innocent que moi; mais bien plus
extraordinaire. Je me contenterois bien que ses Sectaires daignassent ne
pas me calomnier.

Quoiqu'en dife Madame de la Motte, dans fon ftyle très-épuré, mais où règne la plus grande franchife, il fera très-difficile de perfuader au public, que cet Etranger a été *Barbier*; je ne l'ai pas été plus que lui.

Ma dénégation ne fera pas dépourvue de preuves. Si je l'étois, je n'en rougirois pas ; puifque c'eft un état où l'on peut fe rendre utile, comme dans tout autre ; & même il n'en eft guères où l'on puiffe exercer fon talent, plus fouvent & avec plus de fuccès. Mais, comme dans les affaires importantes, fur-tout dans celles où le public daigne prendre part, on doit dire ce que l'on eft ; & non, ce que l'on n'eft pas, je déclare que je fuis Chirurgien.

Et quel homme peut fe réfoudre à méconnoître fon origine, quand il a dans le cœur les principes qui peuvent l'anoblir ! Les chagrins fillonnent le front du riche, plus promptement encore que celui du pauvre ; & la même fin termine nos maux & nos efpérances. Je fçais que ces anecdotes ne doivent point être un traité de morale ; mais je puis ajouter encore que la grandeur peut fe trouver dans l'ame de l'efclave. C'eft du fien, à lui-même, que le rival d'Augufte, qui avoit dédaigné tous les trônes, dont le premier lui échappe, apprend comment un Romain doit mourir.

Si la vie eft un bien, nous devons en remercier nos pères ; & jamais les méconnoître. On ne doit pas craindre que je défavoue les miens.

Je fuis né de parents honnêtes & peu fortunés, mais moins obfcurs que ne le prétend un certain anonyme qui defire jouer un rôle dans cette affaire. M. de Fages & M. de Précourt pourroient rendre compte de leur franchife : leurs recherches annonçoient les foupçons fur moi ; &, cependant ce fut de ma refpectable mère & d'une fœur chérie qu'ils apprirent l'endroit où j'étois. Leur cœur ne leur permettoit pas de douter de la pureté du mien.

J'étois parvenu à l'âge de dix-huit ans : j'avois été Clerc de Procureur pendant six ; il étoit temps de prendre un état. Mon oncle, à qui je n'avois pas caché mon peu de goût pour celui de Procureur, étoit lié avec le Chirurgien-Major de l'Hôpital-Militaire : il le détermina à me prendre pour Élève ; je pris ses leçons, deux ans durant ; & je me donnai beaucoup de peines ! Mon noviciat étant fini, il me jugea capable d'être employé ; &, sur une lettre écrite au Bureau de la Guerre, je fus admis à l'Amphithéâtre de Lille, dont la suppression prescrite par l'Ordonnance de 1780 me força de rentrer dans ma famille & dans ma ville.

Les changements opérés, parmi les sujets, furent cause que je me trouvai à l'Ordonnance de 1781 le second Chirurgien ; &, bientôt sur le compte rendu du Commissaire des guerres, j'obtins la commission *de Sous-Aide-Major*.

J'étois le plus fortuné de tous les êtres & vingt fois le jour je bénissois le Ciel de ma destinée.

J'étois aimé ; on ne sauroit, dit-on, l'être trop ; mon extérieur, même au-dessous de l'ordinaire, n'est ni beau ni imposant ; & cependant il n'étoit pas de femmes qui ne voulussent de moi en légitime mariage. Mon cœur, aussi facile en amour qu'en amitié, me laissoit en proie aux combats les plus singuliers & les plus douloureux par fois ; je fis ce que peu d'autres auroient fait à ma place. Je donnai la préférence à la plus respectable. Lecteur, vous souriez, & j'apperçois sur vos lèvres le sel de la critique & de la satyre.

« D'Etienville, dites-vous, nous fait encore un conte. Il veut,
» à toute force, faire un fupplement aux *mille & une nuit* ». Eh
bien ! d'Etienville vous dit encore une fois la vérité : j'époufai,
en 1781, Mademoifelle de   fille de haute
qualité; un Baron allemand eût pu l'époufer fans dérogeance.
Elle avoit alors foixante ans; & même un peu plus.

Sa légèreté dans fes goûts, qui jufqu'alors ne lui avoit pas
permis de fixer un choix, la fit paffer de la couche nuptiale
dans le Cloître : & je fus mari fans femme, comme le fieur de
Fages prétend avoir été amant fans maitreffe.

Telle eft l'hiftoire de mon mariage : on avoit fait de moi un
fort bel homme pour me traveftir en féducteur; car, telle eft
encore une-des fatalités attachée à cette affaire, que, fi l'on
m'accorde une bonne qualité, c'eft pour m'en reprocher auffi-
tôt le plus criminel abus (1).

MA FEMME, retirée au Couvent, ne pouvoit plus m'être utile
dans le monde. J'avois été jufqu'alors protégé, & je m'en trou-
vois bien. Je voulus devenir protecteur, & je m'en trouvai fort

---

(1) Un Artifte zelé & qui fçait profiter de tous les évènements, a
cru devoir, pour fon profit & pour ma gloire, m'expofer fur les quais,
où je figure à la fuite de la riche Galerie, dont ils font ornés; poffeffeur
d'une infinité de cadres, il les employe au befoin; tel de ces cadres fait
aujourd'hui une Laïs; qui demain fervira à faire un Saint Nicolas. Je
protefte contre ce portrait; il n'a pas un trait qui me reffemble. Si j'étois
peint par Pujoz comme M. Caglioftro, & gravé par Lemire, comme
Waginfton, mon portrait ne feroit ni flatté ni flatteur, mais je ne
pourrois le méconnoître.

Veut-on être convaincu des reffources ingénieufes de cet Artifte ?
On peut jetter un coup-d'œil fur la Gravure de M. Retaut de Villette, &
l'on verra que c'eft la même que celle dont il m'avoit gratifié : nous
ne différons que par le chapeau qu'il a appliqué fur la tête de M. de
Villette.

mal. Je préfentai au Chirurgien-Major un jeune homme pour lui trouver une place, & il parvint, à ma recommandation, à être employé au befoin ; je comptois fur la reconnoiffance de ce jeune homme, qui tout-à-coup devint mon rival ; non pas auprès de ma femme, je n'eus jamais un foupçon, mais auprès du Commiffaire des guerres ; le perfide vouloit obtenir ma place & m'en dépofféder.

Cet ingrat, que je ne nommerai pas, puifque je ne le fais connoître que fous de mauvais traits, fit tout le contraire de ce que j'avois fait. Il époufa une femme jeune & jolie : ardente dans les follicitations, elle étoit capable de culbuter le Chirurgien-Major lui-même : un Sous-Aide ne pouvoit lutter long-temps contr'elle ; il ne fallut bientôt plus qu'un prétexte, & en manque-t-on jamais! On me donne des mécontentements : je me rebute ; ma fenfibilité excitée, je jette un jour, avec précipitation, mon fcapel ; & je déclare que je ne veux ni de la place de Sous-Aide ni de la Chirurgie.

Cette vivacité eft rapportée au Commiffaire des Guerres : on la lui repréfente comme un vœu formé dans le calme de la réflexion d'être à l'avenir étranger à la Chirurgie ; notre folliciteufe, cette femme de mon honnête protégé, preffe le Commiffaire d'en écrire à M. de Calonne, aujourd'hui Miniftre des Finances, & alors Intendant de la Généralité.

Mes certificats en bonne forme ont été envoyés à M. de Charrin, au Bureau de la Guerre, ayant le département des Hôpitaux-Militaires ; j'avois eu une explication affez vive avec le Commiffaire des Guerres, qui, offenfé de mes juftes reproches, n'a pu me pardonner que j'euffe pénétré fes fecrets motifs. Il n'a ceffé de me perfécuter.

On

On le favoit mon ennemi. C'eſt à lui que le ſieur Vaucher &
le ſieur Loque ont fait écrire par une perſonne de conſidération ;
il a été fecondé par un Eccléſiaſtique, que par reſpeſt je ne
nommerai pas.

Le Public jaloux de tout connoître veut ſçavoir la cauſe de
mon voyage & de mon ſéjour à Paris, & ſur-tout celle de
mon entrée à l'Hôtel de la Force, je dois le ſatisfaire.

On vient de me voir bien marié ; mais ſans femme & ſans
aucun eſpoir d'en avoir jamais : un lien indiſſoluble nous attache
ſans pouvoir nous rapprocher. Puiſſé-je traiter cet endroit de ma
vie avec aſſez de ménagement, pour ne pas offenſer une
femme auſſi reſpeſtable par ſa naiſſance & par ſes mœurs ;
qu'elle me fut chère par les ſentimens qu'elle m'avoit manifeſtés !

On s'imagine aiſément qu'il étoit bien difficile que deux époux,
d'un âge auſſi diſcordant, puſſent ſympatiſer fort long-tems
en tout. Je ſerois bien fâché de me peindre avec trop d'avan-
tages : heureux ! ſi jamais je puis paroître, aux yeux du public,
tel que je ſuis : je ne me flatterai donc pas d'être le prodige
des ſiècles.

Je pus occaſionner par une conduite conforme à mon âge
les déſagrémens que me cauſa ma femme , elle m'en
donna de très-grands. Son extrême prudence m'avoit plus
d'une fois déconcerté : mon cœur ouvert aux promeſſes de la
fortune ne me permettoit pas de me fixer à ce qu'elle réali-
ſoit : je voulois aſſocier tous mes amis à mes deſtinées : un
eſpoir me flatta pour eux & pour moi ; & ce fut cet eſpoir
généreux & biſarre qui me jetta dans cette Capitale.

Je ne puis trop ſupplier le public de croire que je ne m'ou-
blirois pas dans une cauſe de cette importance, juſqu'à faire

des fables à plaifir : je fçais ce que je lui dois, & j'en fuis pénétré.

Tout dans ma vie eft ou fingulier ou extraordinaire.

Etranger aux lettres, j'en avois cependant l'amour : je trouverai peut-être encore en ceci des rebelles qui refuferont de me croire. On ne peut aimer, me dira-t-on, ce que l'on ne connoît pas. Je foufcris au proverbe ; mais on aime quelquefois en aveugle. Je dois cependant confeffer que je n'aimois pas en ce point en homme détaché ; mais en profond fpéculateur. Je voyois la Littérature ancienne & moderne, étrangère & nationale réduite en Almanachs : j'y avois pris mon efprit comme bien d'autres : il n'en paroiffoit pas un que je ne l'euffe auffi-tôt dévoré. Je vis que fi je parvenois à obtenir le privilége exclufif *des Almanachs chantans du Royaume*, je pourrois me paffer de toute autre reffource, & me confoler des contradictions que j'avois éprouvées jufqu'alors.

Je communiquai ce projet à un ami, dont l'imagination plus froide ne put cependant réfifter au torrent de la mienne. Le fieur Rofe, tel eft le nom de cet ami, que je placai tout le premier à côté de moi dans mon char imaginaire, le fieur Rofe goûta le projet : nous quittons l'un & l'autre notre Patrie. Ingrats que nous fommes ; elle eut fait notre bonheur, fi nous fuffions toujours reftés dans fon fein !

Nous n'avions ni Banquiers, ni rubis, nous n'avions point d'immenfes tréfors ; mais nous avions affez d'argent pour nous foutenir avec honneur dans le cours d'une follicitation : &, c'eft ici que l'on va voir, combien nous étions neufs, mon ami & moi : combien nous étions peu faits pour voyager tout feuls dans cette Capitale immenfe, où une induftrie univerfelle

& toujours active aiguife tous les efprits, & leur fait enfanter des chef-d'œuvres en tout genre.

Nous voilà donc dans cette Capitale, mon ami & moi, on fçait ce que peut l'éclat des titres fur des Provinciaux : & j'avois toujours eu particulièrement une vocation décidée pour la haute Nobleffe. A peine fommes-nous débarqués, que l'on nous parle d'une Baronne & d'un Comte : je ne puis me difpenfer de les nommer l'un & l'autre ; parce que je ne puis attendre du public une aveugle docilité à me croire dans des détails fi multipliés. La Baronne étoit la dame de la Perriniere, & le Comte, le fieur de la Polerie.

La connoiffance de la Baronne fe fit d'autant plus facilement, qu'elle connoiffoit particulièrement l'Hôteffe où nous étions defcendus. Cette dame, déja fur l'âge de retour, parut s'intéreffer à nous; elle parvient bientôt à nous infpirer la plus grande confiance : elle nous parle de la prétendue faveur dont elle jouit auprès du Miniftre de la Librairie ; & fe charge de nous faire obtenir d'emblée ce privilége qui devoit combler notre efpoir. Toute cette grande faveur fe borna à nous tirer quelques louis.

Tandis que nous la croyions occupée de folliciter notre privilége, un ami de notre Hôteffe voulut nous faire voir la Prifon Militaire de l'Abbaye, où il étoit conduit par le defir de voir le Comte de la Polerie, qui y étoit détenu; ce Gentilhomme nous fit fon hiftoire : il étoit Américain, jouiffant de 130,000 liv. de rentes, dont il ne pouvoit rien toucher, par un effet de la guerre qui défoloit les deux mondes, & qui faifoit fur-tout fentir fes ravages fur les Mers. Ses malheurs nous pénètrent l'ame & nous déchirent le cœur. Le Comte étoit dans l'état le plus affreux, nous lui donnâmes une somme assez honnête, & nous le fîmes habiller.

Sieur de Fages, vous qui m'avez reproché les mêmes bienfaits, vous apprendrez que la nécessité de me justifier étoit la seule qui pût me déterminer à publier ces détails!

Nous payâmes une infinité de petites dettes qui devoient être un obstacle à sa liberté; mais ces petits Créanciers étoient l'hydre qui renaît d'elle-même. Au mois d'Octobre (1783), on nous assura que sa liberté ne tenoit plus qu'à 900 liv.; nous étions épuisés : ne voulant pas laisser cet ouvrage imparfait, nous résolûmes de faire un dernier effort; & le 22 du même mois d'Octobre, nous portâmes les 900 liv. au Prisonnier.

Sur cette somme, je payai celle de 666 liv. de dépense que devoit le Comte au sieur d'Elcuse, Concierge de cette Prison.

Le sieur d'Elcuse me fit un billet, par lequel il s'engagea à me remettre cette somme, dans le cas où le Tribunal de MM. les Maréchaux de France, refuseroient de rendre le 27 du même mois leur Ordonnance de mis-en-liberté.

L'Ordonnance ne put avoir lieu : on avoit compté sur un évènement qui ne put se réaliser. Le Concierge devoit me remettre, d'après son engagement, les 666 liv. que je lui avois confiées : il me donna une option bien cruelle. « Votre argent, » me dit-il, ne tient à rien ; & ma parole est sûre : mais, » Monsieur me doit 366 liv. pour loyers de sa chambre ; & » si je ne suis pas payé, je le mets à la paille ».

Monsieur le Comte.... à la paille.... me disois-je....! *M. d'Elcuse....! Gardez mon argent, & laissez Monsieur coucher dans son lit!*

Le Concierge, qui étoit homme de composition, garda les

366 liv. qui lui étoient dûes, & me remit 300 liv. qui for-
moient enfemble 666 liv. que je lui avois confiées, fous la
condition que je viens d'expliquer.

Nous pleurions comme des enfans : & je ne rougis pas de cette
foibleffe. Je voudrois avoir le moyen d'être dupe toute ma vie,
je ne regretterois ni mon argent ni mes pleurs.

Heureux celui qui n'a qu'à fourire de fes erreurs, & qui n'a
point à les expier par les crimes d'autrui !

M. de la Polerie pleuroit plus férieufement que nous : il
fongeoit à nous attrapper : voyant combien nous étions ten-
dres aux larmes, il ne tarda pas à mettre notre fenfibilité à
une nouvelle épreuve. Huit jours étoient à peine écoulés lorfque nous reçûmes une lettre d'invitation, de nous rendre à
l'Abbaye ; il s'agiffoit de donner de l'argent & nous n'en
avions plus. On ne nous abandonna pas pour cela : une lettre
de change pouvoit en tenir lieu ; & nous en avions déja figné
une pour nous procurer les 900 liv. le prétexte de l'obtenir de
notre facilité, étoit une dette de 411 liv. contractée envers les
Officiers du Tribunal ; on nous affura qu'il falloit cette fomme,
ou qu'il n'y avoit aucun moyen d'éviter à M. le Comte le
défagrément que nous lui avions épargné d'être mis à la
paille.

Le fieur d'Elcufe nous dit que cela ne dépendoit pas de lui ; &
qu'il falloit de toute néceffité payer les Officiers du Tribunal.
Comment tenir contre ce nouvel affaut ? On nous fit les plus
magnifiques promeffes ; les prières, les conjurations, les pleurs
furent prodigués. On avoit tout préparé, encre, plume &
papier ; frappés, pénétrés, confondus de l'état défefpéré de
M. le Comte, nous fignons, nous acceptons, & la lettre de

change , redigée dans la meilleure forme , eſt remiſe à M. de la
Polerie.

Le Créancier principal reſtoit toujours à payer; c'étoit M. de
Waſigny, Grand-Maître des Eaux & Forêts de notre Généralité.
Sa réputation me l'avoit fait connoître; & j'étois bien ſûr, qu'en
faiſant une démarche vers lui, il ne ſe refuſeroit pas à mes ſollici-
tations. J'allai le voir chez lui , impaſſe-Choiſeul , près du
Boulevard des Italiens.

M. de Waſigny me reçut parfaitement; & témoigna les plus
grands égards à la Baronne de la Perriniere, qui, touchée des
malheurs du Comte, vouloit partager avec moi la gloire de
le délivrer.

Je n'ai jamais vu d'homme plus humain , jamais de mortel
mieux penſant que M. de Waſigny. Il y eut un combat entre
nous, où cependant la victoire lui demeura. Je voulois cautionner
le Priſonnier, M. de Waſigny s'y refuſoit; mes efforts alloient
vaincre ſa réſiſtance, ma caution étoit acceptée, & la liberté du
Comte accordée , lorſque M. de Waſigny faiſant un retour
ſur lui, me força de remettre la concluſion à la huitaine.

Que ne me dit-il pas , pour me déſſiller les yeux, ſur le
compte d'un homme pour qui je m'étois ſacrifié, & qui devoit
me payer de la plus monſtrueuſe ingratitude !

J'aurois bien acquis le droit de mettre au grand jour les
plaintes que me fit, de ſon débiteur , M. de Waſigny : mais
j'ai toujours devant les yeux, que je parle pour me juſtifier &
non pour offenſer. Ne croyez pas , me dit cet homme généreux,
que la vengeance ait aucune part dans ce que je vous dis ! Il ou-
vre auſſi-tôt ſon ſecrétaire. Voilà de l'argent ; vous le lui donnerez
pour vivre ; je ſerois fâché que mon ennnemi mourût de faim;
s'il étoit de trop ſur la terre, ce ſeroit à Dieu d'en diſpoſer.

' C'étoit une leçon qu'il me gravoit dans le cœur en traits de feu. Il fermoit mon cœur au repentir d'avoir obligé , lors même qu'il me montroit qu'il eſt des ingrats indignes de l'être !

Nos réflexions préparées par mon entrevue avec M. de Waſigny ne nous permirent pas d'ajouter de nouveaux ſervices à ceux que nous avions rendus à M. de la Polerie , qui a trouvé dans notre délaiſſement un trop juſte motif de ne rien nous rendre , & de ne point acquitter les engagements rigoureux que nous avions contractés uniquement pour lui-même.

A l'échéance des lettres de change , nous nous trouvâmes ſans argent & ſans reſſource ; la Baronne de la Périniere, trop occupée du Comte de la Polerie , avoit négligé notre privilége pour l'édition des Almanachs : le défaut d'argent avoit glacé ſon zèle ; & faute de payement des lettres de change , nos Créanciers , juſtes, mais impitoyables, nous firent arrêter , & nous fûmes conduits l'un & l'autre à l'Hôtel de la Force.

C'eſt au public judicieux à juger ſi cette entrée eſt déshonorante pour nous : comment allons-nous ſortir de ce ſéjour que j'allois appeller *affreux* , & que je ſuis obligé , en ce moment , de regretter !

Il eſt des cœurs compâtiſſants & qui ſemblent faits pour nous conſoler de la dureté des autres. C'eſt ici que je vais parler de Dom Mulot, qu'il eſt ſi doux de connoître , & qu'il eſt ſi dûr d'avoir compromis ; il ne me fera point un crime de ſes malheurs. Une triſte fatalité les a préparés , comme elle a préparé les miens à moi-même ! Élevé dans le Cloître , ſa bonté perce à travers l'auſtérité qui règne dans ces ſaintes demeures. Le penchant à obliger étoit déterminé en lui par un sentiment trop dominant pour jamais s'affoiblir.

Ce digne Religieux, qui, dans un âge encore peu avancé, avoit été succeffivement chargé de tous les emplois de fa maifon, en rempliffoit alors les fonctions curiales. L'Abbaye de Saint-Victor jouit du droit de Cure, fur toutes les maifons de fon enclos. Un fort auffi funefte que celui qui nous perfécutoit, avoit conduit à l'Hôtel de la Force un père de famille attaché à l'Abbaye. M. Mulot avoit une bonté trop agiffante; il étoit trop attaché à fes devoirs, pour refufer à fon Paroiffien les confolations qu'il devoit à fon état. Ce Paroiffien logeoit dans la même chambre, avec nous. Je l'ai déjà dit dans mes mémoires : la fortune ne peut pas tout me ravir. La nature m'a donné un fond de gaieté qui fe répand autour de moi, partout où je fuis, & me dédommage de toutes les injuftices que j'éprouve. Qu'il me foit permis de demander au Jurifconfulte & au Philofophe fi le crime domine les perfonnes de ce caractère.

L'Abbé Mulot, conduit dans ma prifon, par un motif fi louable, ne me vit pas fans intérêt : le fieur Lepreux (tel eft le nom de ce Paroiffien) lui avoit parlé de moi comme d'un homme foumis à un deftin bizarre.

Il avoit voulu me voir : je le touchai fans y penfer & fans le vouloir : il s'informe de la dette pour laquelle je fuis détenu ; elle étoit trop forte pour qu'il pût nous délivrer ; mais il ne fe borna pas à former des vœux impuiffants. Nous le voyons arriver peu de jours après la bourfe à la main ; elle n'étoit proportionnée ni à fon cœur ni à notre dette : mais elle nous offroit une reffource pour quelque temps. Croyez-vous, lui dis-je en fouriant, que tout cela foit pour nous ? Il n'en fera pas ainfi,

Il y avoit d'autres honnêtes infortunés, je les appellai tous au partage, qui fût fait fous fes yeux.

Nous devons pleurer fur nos erreurs, fans nous énorgueillir de nos bonnes actions ; je n'ai fait en cela que céder à l'impulfion de la nature ; mais l'abbé Mulot n'en fût pas moins édifié.

Un bienfait, dit-on, n'eft jamais perdu ; & je devois bientôt recueillir la récompenfe de celui que je n'avois reçu que pour le répandre. Cette récompenfe pourtant n'étoit entrée pour rien dans ma conduite.

J'apprends qu'une femme de la plus haute diftinction s'exerçoit à faire des heureux & répandoit à pleines mains les dons de la fortune. Un heureux de plus, me difois-je, lui coûtera peu, & fon cœur en recevra une nouvelle fatisfaction. Je veux lui écrire; la crainte retient ma plume; une heureufe perfuafion me décide.

Touchée de ma fituation, elle veut connoître, avant tout, fi je n'ai point mérité la rigueur du fort dont je me plains : elle envoye vifiter ma prifon par un de ces hommes rigides, également incapables de fe laiffer tromper & de trahir la vérité; cet homme vertueux & févère, s'informe ; & il entend un peuple d'infortunés bénir mon nom ; le Concierge lui fait un rapport qui achève de le convaincre. Mes liens font brifés, & ma prifon eft ouverte.

Mortelle généreufe, je ne vous nommerai pas, puifque vous ne voulez pas être connue ! Mais, fi le Public inftruit, qu'il exifte une femme qui réunit toutes les vertus aux graces de fon fexe, qui, familiere avec les Mufes qu'elle anime, prend avec un égal fuccés, & le mafque de Thalie, & le poignard de

C

Melpomene, dont elle a enfanté les chefs-d'œuvres, & qui, affociée aux deftinées d'un grand Prince, a donné à fa poftérité des exemples de l'héroïfme le plus touchant, fi le Public, inftruit que cette femme exifte, alloit prononcer un nom qui m'eft fi cher, ma bouche, guidée par mon cœur, fe refuferoit au parjure : je ne pourrois méconnoître ma bienfaitrice.

Le Prince dont je devois la protection à cette femme fublime, avoit contribué à mon élargiffement : il daigna s'intéreffer à mon fort : &, fi j'avois voulu reprendre mon premier état, il n'eût tenu qu'à moi ; mais je l'avois négligé, & d'ailleurs j'étois peu propre à l'exercer : j'avois, il eft vrai, des connoiffances, & j'avois fait mes preuves ; mais je n'ai jamais pu fupporter le fpectacle dont un Chirurgien eft chaque jour frappé : mon cœur faignoit de toutes les plaies qui s'offroient à ma vue. Je ne ceffai de voir le Contrôleur de la maifon du Prince. On me promettoit une place ; & je n'étois pas fans efpoir d'obtenir notre privilége pour les Almanachs. J'avois tout le délire d'un homme à projets, Madame la Marquife de   avoit daigné écrire en notre faveur ; & M. le Garde des Sceaux avoit fait une réponfe qui nous permettoit d'efpérer : j'en étois-là, lorfque je fis la connoiffance funefte du fieur Augeard, qui, comme on le fçait actuellement, me fit voir un Prince qui prétend que je n'ai embraffé qu'une ombre fugitive & trompeufe.

Mais je n'ai jamais balancé dans ma croyance : j'ai déclaré dans mes interrogatoires au Châtelet, que c'eft M. le Cardinal que j'ai vu ; & à qui j'ai parlé dans la maifon de la rue neuve Saint-Gilles : non pas une fois ; mais trois fois : & qu'à chacune, j'ai converfé avec cette Eminence ; je l'ai toujours déclaré à mes Confeils ; j'ai réfifté à tous leurs doutes : j'ai confignè le même fait dans ma dépofition à la Baftille, j'ai perfifté à la confrontation avec M. le Cardinal ; & j'y perfifte encore.

Au furplus, j'ai donné l'abrégé de ma vie au naturel, jufqu'à l'inftant où la fortune n'a femblé m'accueillir que pour m'expo-fer, dépouillé de tout, aux regards de toute la terre.

Avant de terminer ce Supplément, je dois rendre compte d'une lettre fans date, mais timbrée de Rouffach, & que j'ai reçue le 10 Avril préfent mois. On me donne par cette lettre tous les éclairciffements que je femblois devoir defirer, fur madame de Courville : j'ai cru ne pouvoir mettre trop tôt cette lettre fous les yeux de la Cour.

Voici la copie littérale & figurée de cette lettre intéreffante:
« Comme c'eft moi qui fuis caufe de votre malheur, mon *her*
» d'Etienville, je veux vous en tirer. Notre Mella de Cour-
» ville n'eft autre chofe que *Maelle* Marie Thérefe
» de   en haute Alface. Elle eft aujourd'hui dans ladite
» Ville, chez madame fa mère, la douairiére
» *Demandé* au Miniftre qu'on faffe arrêter cette demoifelle avec
» précautions *dû* à fa naiffance qui eft noble. Vous pourrez pour-
» lors prouver à toute la France, que vous n'êtes point un fripon,
» comme le dit M. de Fages dans *font* Mémoire. Je n'ofe me
» *nommé*, mais faites ce que je vous dis ; je ne fuis qu'à deux
» lieues *lieux* de Soultz ; j'ai couché dans une Ville nommée
» Rouffach & vais en Suiffe jufqu'à la fin de votre procès.
» Encore une fois, faites arrêter cette demoifelle & vous
» aurez votre liberté ».

Telle eft le contenu de cette Lettre, fans datte & fans figna-ture ; mais timbrée de *Rouffach*. Elle m'a caufé les émotions les plus vives ; je crois devoir à la famille de cette demoifelle, de ne la pas nommer; j'en ai fait part à MM. les Commiffaires de la Cour, dans ma confrontation du onze du même mois d Avril, je ne puis attribuer cette lettre qu'à Augeard; car quel autre peut m'écrire comme ayant caufé *mon malheur?* C'eft en vain que l'on veut fe fixer, chaque jour augmente la furprife que caufe l'évènement de ce procès.

Ma confrontation avec M. *Retaut de Villette* m'a replongé dans mes incertitudes concernant cet Augeard. Je croyois le reconnoître dans M. de Villette, & ils n'ont rien de femblable.

Je crois devoir prévenir le public dont on cherche continuellement à exciter les doutes, que je ne parle d'aucune lettre dont l'original ne foit en ce moment entre les mains de mon Défenfeur.

Je dois enfin ajouter que le nom que contient cette dernière lettre n'eft pas le nom de Salfeberg que Madame de la Motte a donné à Madame de Courville dans fa confrontation avec moi. Nom que m'avoit effectivement dit Madame de Courville être le fien, ainfi que je l'avois fait connoître, lors de mon interrogatoire devant M. le Lieutenant-Criminel du Châtelet.

Le nom de SUSBARK employé page 18 de mon deuxième Mémoire, à l'article de ma confrontation avec madame de la Motte, eft une faute d'impreffion.

Cependant une lettre de M. de Précourt nous autoriferoit à croire que madame de Courville s'eft effectivement retirée en Alface : en effet, dans cette lettre écrite aux fieurs Vaucher & Loque, lettre qu'ils ont jointe au procès, M de Précourt, qui, fuivant M. de Fages, ne voyageoit qu'avec l'attache du

Miniftre des Affaires Étrangères, annonce à ces marchands *qu'il y avoit apparence qu'il pourroit être envoyé en Alface, & peut-être en Suiffe, par une fuite néceffaire de fa première opération.*

Je dois encore ajouter que, pendant le temps de ma négociation, rue Neuve St.-Gilles, on écrivoit à madame de Courville *pofte reftante à Mélun*, & qu'il exifte des lettres originales de cette Dame; je lui ai écrit moi-même plufieurs lettres à cette adreffe. M. l'abbé Mulot a certifié à des perfonnes dignes de foi qui étoient allé le voir, pour s'affurer de la fidélité des faits qui le concernent dans mon mémoire, il leur a certifié avoir été mandé à Verfailles, & qu'on lui avoit montré l'original d'une de ces lettres. ajoutant que le Miniftre lui avoit demandé fi cette lettre n'étoit pas de moi; à quoi il avoit répondu que l'écriture n'étoit certainement pas la mienne; & que le ftyle étoit d'une fupériorité, dont il me feroit impoffible d'approcher.

Cependant je vais donner une nouvelle preuve de ma bonne-foi dans une pièce non fufpecte. Cette pièce, que l'on vient de me remettre; eft la déclaration du fieur Loque : je laifferai à mon Confeil le foin de tirer les conféquences qui en réfultent.

DÉCLARATION devant le Commiffaire CHÉNON, fils, du 20 Août 1785,

Par Jean-Angel-Jofeph LOQUE, Marchand ORFÉVRE à Paris, Pont Notre-Dame.

Lequel nous a dit, qu'en *Avril dernier*, le Baron de Fages, Garde-du-Corps de MONSIEUR, Frère du Roi, eft venu chez lui dire qu'il alloit fe marier, & qu'il avoit befoin de bijouterie, pour faire des cadeaux à fa future époufe & aux perfonnes qui l'entouroient ; le fieur de Fages demandoit pour environ 30,000 liv. de fournitures. Le comparant lui a fait quelques obfervations fur la quantité, & lui a demandé s'il lui donneroit de l'argent comptant. Ledit fieur de Fages lui a dit que non; mais qu'il n'en fut pas inquiet, parce qu'on lui paffoit *cent mille francs* de cadeau de nôces, & que fa future lui apportoit 100,000 liv. de rente. Le comparant qui s'étoit trouvé à dîner avec le Baron de Fages, à Sceaux, chez M. de Chabrier, Con-trôleur-Général de la maifon de Penthièvre, qui parla de ce mariage devant le comparant qu'il recommandoit au fieur de Fages, pour fe fournir chez lui des bijoux dont il auroit befoin pour fon mariage, ce que ledit fieur de Fages promit ; le comparant fut d'autant plus dupe de ce propos, qu'il étoit tenu chez un homme en place, devant l'Abbé de Saint-André, fe difant Aumônier du Prince de Condé, à Chantilly ; & le fieur d'Albiffy, fe difant Négociant de Marfeille & coufin du Baron, qu'il ne pouvoit point foupçonner d'intelligence pour le tromper : dès le lendemain de cette entrevue, le fieur Baron de Fages, l'Abbé de Saint-André & le fieur d'Albiffy font venus chez le comparant parler de cette fourniture ; ils ont demandé de lui fournir fous *vingt-quatre heures* une boëte de femme d'or enrichie de diamans, une boëte arrangée en or émaillé, une bombonnière émaillée & garnie de perles fines, un étui émaillé, fix boëtes d'or pour homme, dont une émaillée, quatre étuis d'or, fix chaînes d'or, dont une enrichie de perles fines ; ce choix a été fait d'après les confeils de l'Abbé & du fieur d'Albiffy, qui ont dit au comparant que le mariage devoit fe faire le fur-lendemain ; cette livraifon a été faite par le comparant *dans les vingt-quatre heures* ; le Baron a fait un billet de cette fourniture payable fous quinzaine. La quinzaine expirée, le Baron a demandé de nouveaux délais, & a fait des billets à différens termes, dont la dernière échéance étoit pour la fin de Juillet; le comparant a reçu le montant d'un de ces billets de la somme de 2700 liv.; quelques tems après, il est revenu chez lui dire qu'il étoit marié: & l'a prié de lui faire une seconde fourniture de bijoux; il a choisi une petite soupière couverte & son assiette d'argent, une tabatière & un étui d'or, huit à dix boëtes d'or, qu'il a dit être pour ses beaux-frères & belles-sœurs, huit à dix chaînes d'or & une trentaines de breloques d'or pour les garnir, & un cachet massif, sur lequel le comparant lui a fait graver ses armes. Cette fourniture se montoit à environ 10,000 liv. pour laquelle le Baron lui a faits des effets de pareille somme. Aux premières échéances, le Baron ne payant point, le comparant alloit le poursuivre ; le Baron *lui a proposé de souscrire une obligation par devant Notaires*, ce que le comparant a accepté, & elle a été faite de la somme de 18,000 liv. le quatre de ce mois, devant Me. Giroux, Notaire, & le comparant lui a accepté une lettre de change de 1498 liv. pour solde. Le comparant vient d'apprendre que le mariage du Baron de Fages étoit une histoire, & qu'il n'avoit jamais connu la Baronne de *Salzebesk*, avec laquelle il avoit prétendu devoir se marier; que le *sieur de Bette d'Etienville*, Bourgeois de Saint-Omer, logé à Paris, rue du Petit-Lyon Saint-Germain, Hôtel d'Artois, *caution du sieur de Fages dans l'obligation*, étoit parti Dimanche dernier pour les Pays Étrangers; que le Baron devoit partir aussi pour l'aller chercher; la lettre de change est échue d'aujourd'hui, le Baron lui a dit que ses Marchandises étoient au Mont-de-Piété, & les reconnoissances à Vineuil, où il fait sa résidence chez la dame d'Albissy : le comparant ne pouvant

plus douter qu'il a été excroqué par le Baron de Fages & le
sieur d'Etienville, vient nous faire la présente déclaration,
de laquelle il nous a requis acte &c. &c.

CE N'EST POINT à moi à voir ce qui peut résulter, suivant les
loix, des faits consignés dans cette déclaration ; il me suffit
d'observer que je n'ai paru en rien lors de la livraison des
bijoux ; & que le sieur Loque ne s'est point déterminé d'après
moi ; la confiance de ce Marchand a été excitée par l'Abbé
de Saint-André & par le sieur d'Albiffy, qui se sont rendus
exprès chez lui pour le déterminer à fournir les bijoux, dont
cette déclaration contient le détail.

Le sieur de Fages avoit mis ces bijoux au Mont-de-Piété :
il en avoit diffipé l'argent: lui seul en avoit les reconnoiffances:
je n'avois eu rien de tout cela ; & cependant je ne balancai
pas à me rendre chez le Notaire, où je le cautionnai pour les
18,000 liv. dont il se conftituoit débiteur par cette obligation.

Je ne me permis pas de critiquer sa conduite : j'en avois le
droit ; & je l'aurois pû à plusieurs égards. Loin de l'encoura-
ger dans ses exceffives dépenses, on a vu que parlant au nom
de Madame de Courville, je l'avois exhorté à simplifier son
train.

Le sieur Vaucher a auffi fait une déclaration, qui donneroit
lieu à faire les mêmes réflexions, & dans laquelle il a consi-
gné différens faits très-inexacts ; mais il suffit pour ma justification, qu'il ne dise pas plus que le sieur Loque ne l'a dit
lui-même, que j'aie profité d'aucune des marchandises qui
furent livrées au sieur de Fages ; & même il ne peut plus
refter aucun doute sur la pureté de mes vues ; puisque M. de
Fages

Fages n'a pu lui-même me taxer d'avoir attaché aucun prix au cautionnement que je lui ai donné. Mon cautionnement envers le sieur Vaucher est de 12,000 liv., ce qui, avec les 18,000 liv. que portoit l'obligation envers le sieur Loques, complettoit les 30,000 liv. contenues dans le dédit.

J'ai observé que ce dédit n'avoit jamais été hypothéqué aux dettes du Baron de Fages, & leurs propres déclarations font foi qu'ils contractèrent sur des lettres de change.

⁂

J'EN ÉTOIS là, lorsqu'averti que le sieur Loques & le sieur Vaucher se disposoient à faire paroître leur Mémoire, mon Défenseur fit suspendre l'impression du mien.

Ils colportoient ce Mémoire depuis long-tems, ils cherchoient à en faire, conformément à leur goût, bien décidé & bien connu, ce qu'ils appellent eux-même *une affaire.*

Il a donc paru ce Mémoire ! Je l'ai sous les yeux ! La calomnie qui avoit élevé son édifice en l'air semble avoir acquis une base. Cet édifice n'en va pas moins retomber sur les téméraires qui l'ont élevé.

Je n'affecterai point une insensibilité que l'on sent bien que je ne puis avoir. Ce Mémoire est tombé plus d'une fois de mes mains : j'ai ressenti toute la douleur, je me suis livré à tout le désespoir, que peut causer à une ame délicate l'abus du talent le plus précieux, de celui qui a pour objet de conserver nos biens, de défendre notre vie; & ce qui est plus encore, de notre réputation, notre innocence. notre honneur !

Si l'ironie déchirante appartient au Génie, il a droit de revendiquer cette production : jamais on n'en fit un plus cruel usage, & si je voulois l'employer à mon tour, que le

D

Bourgeois de Saint - Omer feroit bien vengé des faifeurs
d'affaires les plus pernicieux de la Capitale, fi je peignois
dans fon ftyle fatyrique, non pas Vaucher feul ; mais fon
père ; mais toute fa famille forcée de s'éloigner du Comté
de Neuchatel, il feroit trop humilié : c'eft à lui à nous
apprendre par quelle aventure il a quitté fon pays d'origine
pour venir dans cette Ville, où il n'eft occupé qu'a tendre
des piéges à la confiance & à la facilité d'une jeuneffe impru-
dente, éblouie par un luxe féducteur ; & que fes paffions
changent en une néceffité impérieufe. Il fe permet de parler
de mon mariage ; mais fa bouche ouverte & dévouée à l'impofture ne va pas jufqu'à dire que l'or m'ait fait avancer vers
l'Autel. Ma femme n'étoit pas jeune, elle n'étoit pas riche ;
il le dit lui-même ; c'eft ainfi qu'inconféquent & méchant, il
contefte & met en évidence, au même inftant, cette facilité de
cœur, qui a préparé par degré le malheur où je fuis (1), &
que je peins avec autant de naïveté que de candeur.

Le Barreau, cette carrière fi noble, feroit pire qu'une
arêne de Gladiateurs, fi la diffamation y étoit une arme
permife, auffi me contenterois-je de dire & comme une chofe

---

(1) Les fieurs Vaucher frères & le fieur Loque ont cherché à
m'avilir du côté de la naiffance : ils me conteftent jufqu'à ma
qualité de Bourgeois d'une petite Ville, ils tirent leur preuve
de la lettre d'un anonyme ; je n'ai qu'un mot à répondre ; ma
femme étoit de très-bonne condition, les oppofitions de fa famille
n'ont pu prévaloir contre fes volontés ; c'eft une preuve que ma
naiffance eft fans reproche, & qu'elle n'eft pas auffi ignoble que le
dit l'anonyme. Quant au nom de d'Étienville, je l'ai toujours porté,
je ne tranche pas pour cela du Gentilhomme, puifque j'y accole ma
qualité de Bourgeois.

effentielle à la défenfe, que le fieur Vaucher n'étoit en arrivant à Paris qu'un malheureux Ouvrier, dont la fortune s'eft groffie à force d'entaffer affaire fur affaire. Un tableau qui vaudroit bien les épigrammes des fieurs Vaucher, feroit la lifte des écroues faits à leur requête ! de combien d'infortunés n'ont-ils pas peuplé les prifons de cette Capitale !

Cependant j'entre dans la difcuffion de ce Mémoire, dont le talent ne peut faire difparoître les taches.

Le premier reproche que l'on me fait, eft d'avoir mis partout, en avant, ma qualité de Bourgeois, vivant noblement de mes biens.

J'ai pris mes qualités, dans les deux actes de cautionnement, l'un en faveur du fieur Loques, l'autre en faveur des fieur Vaucher ; ces actes font notariés : ils font foi.

Je ne me fuis pas préfenté comme un homme riche, & je n'aurois pu en impofer, puifque j'avois été à l'Hôtel de la Force *pour dette & non pour excroquerie* ; c'eft un fait fur lequel il ne peut plus refter de doute.

Pour donner au fieur Loques une entière fécurité, le Bourgeois de Saint-Omer *propofa de transformer les billets du Baron de Fages en une obligation notariée, & s'offrit lui-même pour caution.*

Le Bourgeois faifeur d'affaire en impofe : fa propre déclaration fait foi que cette propofition fut faite par le Baron de Fages, « le Baron ne payant point, le comparant alloit le » pourfuivre, *le Baron lui a propofé de foufcrire une obligation* » *devant Notaire, ce que le comparant a accepté* ».

Telle eft la difpofition littérale de l'acte.

Dans le même mois, un autre quartier & une autre boutique fourniffoient les habits de nôces.... L'aifance avec laquelle *le Baron de Fages & le Bourgeois de Saint-Omer trompoient Thiébaut, m........ ... ils proportionnoient leurs efforts aux perfonnages*

Je fuis encore préfenté comme ayant déterminé la confiance de ce Tailleur; c'eft ici que je pourrois dire avec la noble franchife de mes adverfaires, *que s'il eft douteux que tout leur Mémoire contienne une feule vérité, ceci eft bien certainement un menfonge.*

La dépofition du Tailleur prouve que fa confiance a été déterminée par le Domeftique du fieur Charier , « qui vint le » chercher pour aller parler au Baron de Fages, ami du fieur » Charier, & logé à l'Hôtel des Indes, rue du Mail; Thié-» baut s'y rendit & fut introduit dans un appartement qu'il » décrit, &c ».

Lorfque j'ai vu ce Tailleur, c'étoit non pas avant; mais après la fourniture arrêtée. La dépofition conftate que j'y ai été conduit huit jours après, & pour me faire faire plufieurs habits que le Baron me reproche, & que j'ai payé de mes deniers.

Le fieur Thiébaut avoit trop à fe plaindre du Baron de Fages, pour être trop exact dans fa dépofition: ce n'eft cependant pas à lui que l'on doit la création du Château de *Melas,* qui fait un fi bel effet dans le Mémoire des Marchands faifeurs d'affaires. Ce Château eft de leur propre invention, & l'on va voir combien cette invention eft heureufe.

La dépofition du Tailleur fait mention d'un Château dans les environs de *Melun.*

Le Château de *Melas* étoit parfaitement afforti au furnom de Madame de Courville. D'après les Auteurs du Mémoire, j'avois fabriqué le nom de *Mela* pour mon roman; & j'avois forgé le Château du nom de l'Héroïne. Le premier fait pofé, l'autre n'en étoit qu'une conféquence.

En confervant le nom de *Melun*, mon récit acqueroit une circonftance de plus pour en démontrer la vérité; celui de *Melas* au contraire ne me laiffoit d'autre reffource que de convenir d'une impofture. Que ce trait ferve pour faire apprécier mes ennemis, ce n'eft pas le feul !

C'étoit un point capital de me préfenter en tout pour l'homme que le fieur de Fages avoit mis en avans pour accélérer les fournitures & faire agréer toutes les conventions qui pouvoient le dégager. On a vu comment je m'étois offert pour convertir les lettres de change faites au fieur Loques en une obligation devant Notaire : c'étoit moi qui avois déterminé la confiance du Tailleur; il étoit naturel que j'euffe auffi préparé celle du fieur Vaucher.

Pour prévenir heureufement le public en fa faveur & affurer fa preuve, le fieur Vaucher explique comment il m'a connu : c'étoit à l'occafion *du nommé Ludot, qu'il retenoit à l'Hôtel de la Force, & pour lequel un grand Prince vouloit faire un facrifice* (1).

Il m'avoit connu pour être un des compagnons d'infortune de ce père de famille qu'il retenoit dans les prifons; on fent bien, dès-lors, que mon crédit & ma folvabilité devoient lui être fufpects, & qu'il ne devoit rien faire par rapport à moi (2).

---

(1) Abufant de l'état de cet infortuné débiteur, Vaucher s'étoit fait donner un certificat à fa guife pour me dèshonorer ; heureufement Ludot, quoique toujours dans les liens où il le retient, l'a forcé d'im- primer la rétractation des outrages qu'il m'a faits.

(2) Les Affociés faifeurs d'affaires ont eu grand foin d'inférer dans leur Mémoire, que je fuis forti des prifons de l'Hôtel de la Force au moyen des deniers de Charité : peu m'importe ma fortie, fi

Il eſt ſeulement vrai, & les circonſtances démontrent que, l'ayant vu, à l'occaſion de ſon priſonnier, pour qui je devois m'intéreſſer, il m'invita pluſieurs fois à manger avec lui, & que lui ayant parlé de ma négociation comme d'un évène-ment qui m'aſſuroit un ſort, il me pria de lui faire avoir la préférence auprès du Baron de Fages. Je ne l'ai pas plus con-duis à l'Hôtel des Indes que je n'y avois conduis le Tailleur Thiébaut ; quiconque eſt diſpoſé à ſouſcrire, ſoit lettre de change, ſoit billet d'honneur & à lui aſſurer de gros profits, eſt ſûr de recevoir ſa viſite par-tout où il puiſſe demeurer.

Un des grands moyens de me rendre ſuſpect eſt de repré-ſenter le dédit comme n'ayant point eu de ſomme détermi-née, & comme ayant été préſenté tantôt pour 30,000 liv. & tantôt pour plus.

Ma réponſe ſera appuyée ſur leur propre Mémoire & ne laiſſera rien à deſirer.

Vaucher convient que je le conduiſis chez l'Abbé Mulot, qui, dit-il, lui montra un paquet cacheté de pluſieurs cachets, & qu'il déclara être un dédit de 30,000 liv. Lorſque dans la

---

mon entrée & mon ſéjour dans cette priſon ſont tels que je les décrits, ce dont on ne peut plus douter, puiſque l'on voit par les Pièces Juſtificatives qu'ils ont imprimées à la fin de leur Mémoire, que la lettre de change de 900 liv. & celle de 411 liv., dont je parle moi-même dans ce Supplément, ſont les plus fortes ſommes pour leſquelles j'ai été écroué. On voit que celle de 411 liv. eſt au Con-cierge de l'Abbaye, où certainement je n'ai jamais été. Je ne con-teſte point les ſervices que je dois à M. l'Abbé Jabineau : le zèle de cet Avocat inſtruis, ſe rend d'autant plus reſpectable qu'il eſt éclairé par la Religion ; mais les principaux ſecours me furent fournis par la perſonne dont je parle, pag. 17 de ce Supplément.

fuite, Vaucher eut fait l'affaire des 12,000 liv. avec le Baron de Fages, Loques vint à fon tour en faire une de 19,498 liv. je les forçai de fe reftraindre, attendu que ces deux fommes réunies excédoient les 30,000 liv. du dédit; & voilà pourquoi le Baron de Fages foufcrivit une lettre de change particulière de 1,498 liv.; ainfi que le porte la déclaration.

Peut-on defirer une preuve plus évidente, que, non-feulement j'avois annoncé le dédit pour être de 30,000 liv.; mais que même je m'oppofois à ce que le fieur de Fages en excédât les bornes!

Faifons une obfervation bien importante fur deux faits de leur Mémoire, qui tous deux font tableau.

D'un côté, Vaucher me repréfente comme étant venu tout exprès lui faire mon roman, & le décider à faire une fourniture pour une perfonne qu'il ne connoiffoit pas : de l'autre, après le départ du fieur de Fages pour la *Flandre* & les *Pays-Bas*, il nous peint fes Affociés & lui-même comme étonnés de fe trouver dupes dans la même affaire.

Ces trois Marchands, qui fe regardent, offrent une perfpective fingulière : la vérité manque à cette peinture : les frères Bernard & les frères Vaucher font connus, & notoirement pour faire & en commun toutes les affaires qui fe préfentent; &, fi les factures font jamais repréfentées avec les effets, on verra, à côté de la plus monftrueufe ufure, le nom de Vaucher fur toutes ou fur prefque toutes les montres fournies par Loques.

Le sieur Vaucher, animé par la crainte de la concurrence, livra au Baron de Fages & à d'Étienville les douze montres.

On voit que le grand point d'aujourd'hui, eft de me faire

paſſer pour avoir été de moitié dans l'enlevement des bijoux. Le Mémoire du ſieur de Fages, ne ſembloit laiſſer rien
à deſirer ſur cet article de ma juſtification : nous avons quelque choſe de plus précis ; c'eſt la déclaration du ſieur Vaucher, du 20 Août 1785. Voici comment il l'exprime dans
cet acte important.

» Le comparant, plein de confiance dans ce qu'on lui avoit
» dit, fit le 21 Mai dernier, *au ſieur Baron de Fages, la fourni-*
» *ture des Marchandiſes dont ils étoient convenus*, confiſtant
» en douze montres d'or de différens prix, dont une enri-
» chie de brillants, à répétition, du prix de trois mille cinq
» à trois mil ſix cents livres : plus, onze chaînes auſſi d'or émaillé,
» l'autre aſſortie aux montres, le tout montant à 12, 278 liv.
» Le Baron accepta, lui, une lettre de change, de la ſomme
» de 12,000 liv., & il fut convenu que le ſurplus lui ſeroit payé
» comptant le lendemain. Quelques jours après, le ſieur d'Étien-
» ville lui apporta 200 liv., en lui diſant que le Baron ne lui
» avoit remis que cette ſomme. »

Ainſi je n'ai part à ce traité, que pour faire reſtraindre
cette ſomme, aux 12, 000 liv., qui reſtoient libres d'après
le dédit, & j'ai moi-même rapporté au ſieur Vaucher, le
ſupplément que devoit le ſieur de Fages.

Ma juſtification déjà opérée, comme je l'ai obſervé, par le
Mémoire du Baron de Fages, l'eſt donc encore, par la déclaration du ſieur Vaucher, c'eſt-à-dire, du plus cruel de mes
adverſaires. J'ai encore une autre pièce à lui oppoſer ; & cette
pièce, plus importante encore que cette déclaration, c'eſt ſa
plainte même ! il nous y fait connoître les tours d'adreſſe dont
il eſt capable.

Le

» L edit fieur Vaucher, comparant, fournit au fieur de Fages,
» 12 montres &c.... Le Baron de Fages promit payer argent
» comptant 278 liv.; effectivement, quelques jours après,
» d'Étienville apporta audit fieur Vaucher 200 liv. comptant,
» & lui dit qu'il lui apporteroit le refte inceffamment; pour
» les 12,000 liv., le Baron de Fages fit une lettre *de change*
» *antidatée*, ET DÉJA ÉCHUE, *que l'on transforma le même*
» *jour, faute de payement, en une obligation paffée devant M^e.*
» *Pierron*, par laquelle ledit Vaucher, comparant, fe réferve
» la contrainte par corps. »

Voit-on dans cette plainte que les 12 montres m'ayent
été livrées, concuremment avec le fieur de Fages, comme
le dit Vaucher, page 23 de fon Mémoire?

Cet adverfaire eft bien convaincu, je penfe, *d'impoftures.*
Qu'il jette actuellement un coup d'œil fur cette production,
où les épigrammes font diftribuées, avec tant d'art! & qu'il
dife, fi la naïveté du bourgeois de Saint-Omer ne prévau-
dra pas contre le génie tranfcendant & enjoué du Marchand
faifeur d'affaire.

Il faut cependant avouer que, de tems en tems, Vaucher
fait auffi preuve de bonhommie: car, comment caractérifer
autrement cet aveu de la page 23, qu'il fit cette fourniture, *animé par la crainte de la concurrence?* & cet autre endroit de fa plainte, où il déclare qu'il fit faire une lettre de
change *antidatée & que l'on fuppofa dès-lors échuë?* Ce qui
non-feulement détruit l'effet de fa plainte, mais même fait
tomber le par corps attaché à la lettre de change.

Je ne fuis pas Jurifconfulte: mais, fi j'avois préfidé à la
rédaction de cette plainte, je crois que je lui en aurois fait

E

l'obſervation ; reconnoiſſant comme il l'eſt, il m'en auroit ſçu quelque gré.

Dans la réſolution encore de faire porter tout le poids de la diſ-cuſſion, & d'appuyer tous ſes droits ſur le dédit, il paroît que c'eſt par une ſuite de cette bonhommie incroyable, qu'il déclare page 21, qu'il n'entra point dans ſes vues d'en faire la baſe de l'engagement. Il déclara, dit-il fort ſenſément, » qu'il ne pouvoit fournir que les objets de ſon commerce, » les montres & les chaînes de montres, *& qu'il ne les four-* » *niroit qu'avec des ſûretés indépendantes du mariage.*

Quelles étoient ces ſûretés ? C'étoit la perſonne du ſieur de Fages. Il s'en étoit aſſuré par des lettres de change, dont ce Marchand, qu'anime *la crainte de la concurrence*, a toujours proviſion ſur lui.

C'étoit ainſi qu'il s'étoit déjà aſſuré de la perſonne du ſieur Ludot, qu'il retenoit à l'hôtel de la Force pour 17,000 liv. on voit que le Faiſeur d'affaire ne les fait pas petites. Il avoit attiré dans ſes filets, qu'il ne décharge que dans les priſons, il avoit attiré dans ces maudits filets, cet homme honnête, & pour qui, d'après ſon propre Mémoire, un Prince daignoit s'intéreſſer.

Le ſieur Vaucher veut, par un rapprochement heureux, prouver que mon départ a été une évaſion méditée, pour me ſouſtraire aux effets de mon cautionnement, qui tomboit le 15 d'Août.

Ma deſolée Baronne, n'eſt qu'un fantôme créé après coup, pour écarter les préjugés qui devoient naître de cette éva-ſion.

Je dois certainement accuſer le deſtin : car c'eſt une fatalité bien inconcevable, que le plus chetif des événements se concilie, auſſi parfaitement, à celui qui devoit étonner tous les ſiècles.

Le mariage, après différentes remiſes, devoit enfin ſe célébrer le 12 d'Août, ſous les auſpices d'un grand Prince; c'eſt trois jours après, que Vaucher deſtine des fers au Baron de Fages, qui devoit ſe marier, & à moi, qui devois aſſiſter aux noces; & c'eſt quatre jours après, que ce Prince eſt arrêté lui-même.

Si je n'ai parlé qu'après l'évènement de la déſolation de ma Baronne, mon récit ſera très-ſuſpect ſans doute : mais ſi j'ai parlé de ſon affliction à l'inſtant que je m'en ſuis apperçu, & ſi les témoins entendus à la Baſtille, en ont dépoſé, la confiance pourra renaître, ſi toutesfois votre production peut l'avoir ébran'ée.

J'ai pu parler de la détention du Prince, après le 16 d'Août : mais, ai-je pu prévoir, depuis le mois de Février, que cette fatale époque arriveroit ? Il eſt certain & prouvé, que j'ai parlé de ma négociation, & comme chargé par le Prince, dans les mois de Février, Mars, Avril, Mai, Juin, Juillet & Août, & toujours d'une manière uniforme : aurois-je été aſſez téméraire, pour oſer compromettre un auſſi grand nom? D'un ſeul mot M. le Cardinal pouvoit m'anéantir. Cette ſeule réflexion ſuffiroit pour démontrer ma bonne-foi.

Je dois raſſembler ici les principales circonſtances, qui démontrent que je ne puis être regardé comme l'inventeur des faits que je publie.

10. Ce n'eſt pas moi qui ſuis allé au devant du ſieur de Fages, & ce n'eſt pas moi qui l'ai inſtruit des deſſeins du Prince : ce Mariage avoit été *colporté* en pluſieurs endroits

même avant que le nom du fieur de Fages eût frappé mon oreille. Et l'on a vu que, pour aboutir jufqu'à moi, il s'étoit d'abord fait préfenter par l'Abbé de Saint-André à l'Abbé Mulot : on a vu qu'il avoit déjà remis fes tittres à un fieur Cardinal de Beaurepaire : les conventions du mariage propofé, dit le fieur de Fages pag. 2 de fon Mémoire, *avoient été remifes au fieur Abbé de Saint-André, par M. le Cardinal de Beaurepire, Gentilhomme fervant chez la Reine.*

2o. Il eft actuellement démontré, & par une difcuffion bien contradictoire, que j'ai cautionné fans avoir rien reçu, pour 30000 liv. d'obligations du fieur de Fages, qui a tout eu & qui a tout diffipé, à l'exception des Marchandifes, qui ont été rendues aux deux Marchands, poftérieurement à fon retour de Saint-Omer.

3°. Quand le fieur de Fages a voulu excéder les bornes de ces 30,000 liv. je l'ai obligé de fe reftraindre.

4°. Lorfque le fieur de Précourt m'a demandé de lui faire le détail de tout ce qui s'étoit paffé, pour être mis fous les yeux du Miniftre, je l'ai fait fans balancer.

5° Étant à Saint-Jean de Latran, j'ai remis ce même détail au fieur Rots, pour qu'il en fit part au Prince ; ce détail a dû lui être remis, écrit tout entier de ma main, & figné de moi.

6o. Accufé au Châtelet, & témoin au Parlement, je n'ai point varié.

7o. Interrogé dans ma prifon par mon Confeil, j'ai refifté à tous fes doutes. Il m'a fait les objections les plus fortes ; je les ai détruites. Je pouvois, cédant à fes doutes, reconnoître une erreur dont on me démontre la poffibilité, & je faifois ceffer cette fermentation que j'excite. Au lieu d'adopter ce parti, qui me tiroit d'affaire, j'ai perfifté dans ma conviction, a ce à face avec M. le Cardinal.

8o. **Enfin la détention de M. le Cardinal.**

Ces huit circonftances, font telles qu'il faut que les faits foient vrais, tels que je les raconte, ou que, comme le foutient mon Confeil, on m'ait fait illufion : il faut que cette illufion ait été préparée par des preftiges capables de tromper tous mes fens.

Cependant, les fieurs Vaucher & Loques, prétendent toujours que j'en impofe; il rapportent dix circonftances qui prouvent que je fuis un impofteur.

Je vais mettre ici leurs objections & mes réponfes en dialogue : mon récit en aura plus de précifion, plus de clarté & plus d'action.

= Vous affirmez avoir vu M. le Cardinal, chez votre romanefque Baronne : M. le Cardinal le nie avec fermeté. Les rangs difparoiffent devant les Tribunaux, mais Montefquieu vous dit, qu'un Accufé qui nie, & qu'un témoin qui affirme, font partage, qu'il faut un tiers pour le vuider. Ici Madame de la Motte, qui nie avoir reçu Madame de Courville chez elle, eft ce tiers.

= Croyez-moi, Loques, vendez vos bijoux; & vous, Vaucher, peuplez l'Hôtel de la Force : non-feulement vous raifonnez fort mal, vous mettez encore à votre niveau un des plus grands hommes qui ayent éclairé la Légiflation.

La Juftice ne confond pas les hommes & les rangs, au point que vous l'avancez : elle mettra toujours, même dans la balance de fes décifions, une très-grande différence entre le Grand Aumônier de France & le Bourgeois de Saint-Omer.

La preuve s'affoiblit par des préfomptions; & la grandeur de fes places, plus encore celle de fon origine & de fes alliances, en font naître, qu'il ne feroit pas permis à un Juge de rejetter.

Cette grandeur, qui n'infpire rien que d'élevé, fera le premier point d'où partiront les Magiftrats pour juger cette Caufe importante.

La ligne la plus favorable où la Juftice puiffe mettre l'Accufé en général, eft celle de l'Accufateur ; la dépofition formelle d'un témoin jette dans l'ame du Juge une prévention fatale, dont il n'eft pas toujours le maître de s'affranchir. Si l'Auteur de l'Efprit des Loix avoit dit le contraire, ce feroit une erreur qu'il faudroit retrancher de fes fublimes écrits.

Madame de la Motte ne peut être ce tiers ; accufée & chargée par le fait qu'elle contefte, elle eft elle-même livrée à cette prévention : d'ailleurs, en lifant fes confrontations avec moi, on voit qu'elle ne nie ni l'exiftence ni le mariage de la Baronne, que je dénonce comme fon amie.

= Dans votre interrogatoire au Châtelet, Augeard s'eft annoncé pour l'homme d'affaire de la dame de Courville & comme vous ayant dit demeurer chez madame de la Motte.

= Tout eft fyncopé dans cette interogatoire, parce que j'y déclare formellement que je me réfère pour les détails, aux cahiers qui font entre les mains *de M. Titon*, Commiffaire de la Cour ; vous avez cet interrogatoire & vous le connoiffez bien.

= Dans vos écrits & jufqu'à votre confrontation avec Madame de la Motte, vous avez annoncé avoir vu Madame de Courville toujours feule : la Baronne n'a jamais eu d'autre compagnie qu'Augeard, Marcilly & l'ombre de M. le Cardinal, & tout-à-coup dans votre confrontation, vous reconnoiffez Madame de la Motte pour être l'amie de Madame de Courville.

Cette apoftrophe que vous lui faites, eft un moyen auffi

hardi qu'il eſt adroit pour l'éclairer ſur le rôle qu'elle doit jouer.

= Avoir vu une ſeule femme, & une ſeule fois avec Madame de Courville, & pendant près de ſix mois, ce n'eſt pas la tirer de ce ſilence myſtérieux & de cette ſolitude qui regnoient autour d'elle. Un témoin peut omettre une circonſtance quelconque, ſans être taxé pour cela de faux-témoignage.

Si j'avois eu deſſein d'éclairer Madame de la Motte ſur ſon rôle, je lui aurois répondu à mon tour, lorſqu'elle s'en acquittoit ſi bien, d'une maniere conforme à ſes vues. Bien loin delà ; bien loin de convenir d'avoir jamais vu cette dame de Courville dans le Palais du Cardinal, je lui ſoutiens énergiquement, que jamais je n'ai mis le pied chez ce Prince. C'eſt elle-même que je charge de ce dépôt ; & je l'en charge ſans partage.

= Vous avez annoncé avoir appris à Arras, le 16 Août au matin, la détention de M. le Cardinal, arrêté le 15 à Verſailles ; pour rendre le fait probable, vous avez erré dans votre confrontation, où vous ſuppoſez que cette détention a eu lieu à huit heures du matin, & ce n'a été qu'à onze heures ; la nouvelle n'en a été publique à Paris qu'à une heure, il n'eſt point parti ce jour-là de Courier, ni de Voyageur, ſoit en chaiſe ſoit à bidet ; Monſieur le Cardinal n'eſt entré qu'à minuit à la Baſtille, vous n'avez pu le ſçavoir à huit heures le lendemain à Arras. Il y a donc grande apparence & même conviction, que votre Exprès n'a couru que dans votre imagination.

= Votre ſtyle eſt un peu gai, pour une matière auſſi grave : au ſurplus, mon erreur ſur l'heure à laquelle M. le Cardi-

nal a reçu l'ordre du Roi, prouve ma fécurité & ma bonne-
foi. Si j'avois fait un Roman, j'aurois tout calculé, & je me
ferois aftraint à toutes les vraifemblances.

Vous voulez que le Courier parte de Paris, & par la pofte,
& je ne vous dis pas cela. Il a pu partir de Verfailles même,
& avec un cheval particulier; il n'aura fans doute pris la
pofte, qu'après avoir épuifé fon cheval, & d'après votre cal-
cul, il aura toujours eu dix-neuf heures, pour informer Madame de Courville. Il n'eft guères de voyageur, tant foi peu
exercé, qui ne faffe quarante lieues en dix-neuf heures.

 Vous n'êtes pas bien fûr d'avoir vu M. le Cardinal avec
votre Baronne, votre affurance commence à fléchir, votre
confrontation eft ébranlée par votre Défenfeur, qui publie la
poffibilité de votre erreur déformais indifpenfable.

 Vous n'avez pas bien lû mon Mémoire : ma conviction
eft toujours reftée & refte encore la même. Ce n'eft point à
moi à décider ce que ma conviction peut opérer aux yeux
de la Loi. Mon Défenfeur a pû & a dû, puifqu'il l'a fait, placer
fes doutes à côté de ma perfuafion perfonnelle. Cette perfuafion produit le même effet, dans fon fyftème & dans ma
dépofition : dans l'une & l'autre alternative, je confonds le fieur
de Fages, & je prouve qu'il m'a calomnié.

 Le fieur Lepreux, Charpentier, Enclos Saint-Victor, vous
a entendu parler du mariage de la Baronne lorfque vous étiez
à l'Hôtel de la Force, d'où vous êtes forti dès le mois de
Janvier 1785. Vous avez toujours placé votre rencontre avec
Augeard, au mois de Février; vous en avez, donc impofé.

 Le fieur Lepreux ne vous a pas dit, & n'a pas pu vous
dire, que j'étois détenu à l'Hôtel de la Force, lorfque je lui ai
parlé du Mariage. Le fieur le Preux n'eft forti de l'hôtel de la
Force,

Force ,qu'au mois d'Avril 1785, après avoir payé une fomme confidérable qu'il avoit déléguée, & qui, n'ayant pas été acquittée par fon débiteur, avoit occafionné fa détention.

⹀ La dame Lefevre a dépofé, que vous lui aviez dit avoir été chargé, par l'Abbé Mulot, de la négociation, donc vous en impofez, lorfque vous parlez d'Augeard : fon rôle eft un jeu de votre efprit : c'eft une pure fiction.

⹀ La dame Lefevre fe trompe à cet égard ; mais elle rectifie cette erreur dans fa dépofition, où elle dit pofitivement, que je lui demandai un endroit fûr pour mettre le dédit, en attendant que je le remiffe entre les mains de l'Abbé Mulot. Tout l'enfemble de fa dépofition, prouve que je me préfentois comme le négociateur chargé par Augeard.

⹀ Vous avez dit par-tout, & vous répétez dans votre Mémoire que Madame de Courville vous avoit donné 1,200 liv. pour la route ; & il eft prouvé que vous êtes parti avec l'argent de Madame d'Autun.

⹀ Vous n'avez rapporté le fait de cette Dame que pour arriver à votre but de me diffamer ; mais, fi, égarée par le reffentiment & le délire de la vengeance, elle a pu fe livrer à des hoftilités contre moi, aujourd'hui qu'elle eft revenue à elle-même, elle me rend juftice ; elle vous défavoue & me plaint. Je vous porte le défi de juftifier ce que vous dites dans votre Mémoire : l'on claffera ce fait avec tant d'autres que la calomnie invente.

Vous prétendez que je l'ai payée, en ce cas ; j'ai acquitté la dette d'autrui.

Après avoir effayé de m'accabler par les plus injuftes préfomptions & la plus cruelle diatribe, on veut bien me donner un mot de confolation, en déclarant que je n'ai pu participer à la fraude du fieur de Fages, qui, difent-ils, a écrit aux Marchands qu'il étoit marié : il faut, difent les fieurs Vaucher & Compagnie, il faut juftifier d'Étienville, il a pu lui perfuader qu'il parviendroit à le bien marier avec fa riche & magnifique Baronne ; mais il n'a pu lui faire croire qu'il étoit réellement marié.

L'art de perfuader ne peut certainement pas aller jufque-là ; mais le fieur de Fages a-t-il réellement eu cette perfuafion ? & a-t-elle été la bafe & le motif de leur confiance, comme ils ofent l'avancer ?

Je n'examinerai pas les lettres du fieur de Fages pour voir s'il n'a point confondu, en homme du monde, les mots de célébration & de publicité de mariage ; il me fuffit de la plus impofante de leurs Pièces Juftificatives ; de celle du fieur le Roux, imprimée, pag. 87 de leur Mémoire ; cet Huiffier qui eft requis par eux-même , « attefte *à tous qu'il appartiendra* » *que* le 31 JUILLET dernier, le fieur Loques étant venu me » confulter fur les moyens d'affurer fa créance fur le Baron » de Fages, relativement à une opération de commerce qu'il » avoit faite avec ce dernier, il m'engagea à vouloir bien paffer » avec lui auprès de Dom Mulot, Prieur de l'Abbaye de Saint- » Victor de cette Ville, qu'il me dit être dépofitaire d'un » dédit de 30,000 liv. au profit du fieur Baron de Fages, » dans le cas où LE MARIAGE PROJETTÉ *n'auroit pas* » *lieu*, &c ».

C'eft le 31 Juillet poftérieurement à toutes les livraifons qu'il a conduit le fieur le Roux chez Dom Mulot, & pour faire des informations concernant un mariage *projetté*. Voilà une Pièce que l'on imprime comme *Pièce Juftificative*, d'un Mémoire qui a pour objet principal de prouver que la feconde fourniture

faite par le fieur Loques, avoit été déterminée par la perfuafion d'un mariage conclu & célébré !

C'eft bien ici le lieu de rappeller cet ironique fourire
dont les Marchands payent l'attention que le public veut
bien donner à la Caufe : on le peint comme flottant au
milieu des opinions, femblable au vaiffeau, qui, privé de
fon timon & de fes voiles, flotte au gré des vents & des mers.
Le fimple & naïf d'Étienville, difent-ils, *a paru une victime
intéreffante. Le Baron de Fages eft venu à fon tour raconter avec
la candeur de fon caractère les circonftances embellies de fon
mariage, l'intérêt public s'eft porté fur le Baron de Fages !* &
ce qu'ils ne difent pas; mais ce qu'ils penfent bien, le fouffle
de la calomnie portera fur eux cet intérêt qu'il eft fi glo-
rieux & fi touchant de mériter !

De femblables réflexions, valoient bien que l'on cherchât
la caufe de cette facilité à croire. Citoyens ! Gardez-vous d'en
rougir, elle vous honore. Votre cœur repouffe ce qui
n'eft pas digne de lui ; & vous croyez difficilement qu'on
vous en impofe. Quand on me repréfentoit, mettant en
poche les bijoux livrés par les Marchands, que déterminoit
un efpoir cupide, vous avez dû détourner ces regards de
bonté, qui me confoloient dans ma ténébreufe Prifon ; aujourd'hui, que je prouve par leurs propres écrits, que ces
bijoux remis, fans en excepter un feul, au fieur de Fages,
ont paffé de fes mains, dans ce gouffre toujours ouvert à
nos mifères & à nos befoins, vous ne m'en refuferez pas le
retour.

Voilà deux points bien conftants : le premier ; les bijoux
ont été remis en totalité au fieur de Fages, & lui feul les
avoit payés, en plufieurs lettres de change, foufcrites par

F 2

lui feul : Le fecond ; le fieur de Fages en a profité feul ; &
je n'ai paru, pour le cautionner, chez les Notaires, qu'après
'échéance des lettres de change.

JE PENSE AVOIR établi la défenfe, de manière à ne
laiffer rien à defirer, en ce qui me concerne particulièrement ;
il me refte à détruire l'accufation, en ce qu'elle m'eft com-
munc avec le fieur de Fages & le fieur de Précourt. Si l'on
en croit les adverfaires, mon retour de Dunkerque, étoit
un jeu concerté entre le Colonel, M. de Précourt, le Baron
de Fages & moi ; & tous trois, nous étions *ou coupables ou
complices* du même crime : nous ne fongions alors, qu'à mettre à couvert & à profit nos larcins.

On a fait à cette occafion, une multitude de raifonne-
ments, qui ne fervent qu'à prouver une fécondité d'idées, qui
n'eft ni ordinaire, ni du goût de tous les lecteurs. Ces rai-
fonnements avoient cependant leur but ; & l'on ne fçauroit
s'y méprendre : ce but étoit de charger de toutes les décora-
tions du ftyle, une épifode qui, employée par moi, n'avoit
d'autre mérite, que d'être vraie ; revêtue par les mains du ri-
dicule & de la fatyre, c'étoit un appât qui devoit fixer l'incrédulité que je détruis.

On a vu qu'après avoir inutilement effayé de m'emmener
en pays étranger, Madame de Courville, qui avoit feint de
me donner un rendez-vous a Saint-Omer, où elle devoit me
remettre le montant du dédit, m'avoit abandonné à Arras :
on a vu comment terraffé par tant de revers, & honteux
d'avoir été le jouet de tant d'efpérances utiles & bizarres,
j'étois allé en quelque forte m'enfevelir à Dunkerque ; on
a vu comment M. de Précourt & M. de Fages, m'avoient ar-
raché de cette retraite & m'avoient ramené à Paris ; on a vu

comment après le compte rendu au Miniſtre, mon innocence avoit été reconnue; on a vu enfin comment, ſacrifiant mes reſſentiments à la poſition du ſieur de Fages, dont le malheur égaloit la légereté & l'inconſéquence, j'étois reſté ſous l'égide du ſieur de Précourt, qui me promettoit protection & ſûreté, contre les ordres de la Police, qu'il me préſentoit armée contre moi.

Voyons comment dans leur manière ornée, les Marchands m'ont préſenté après mon retour de Dunkerque.

» Enfin le voila à Verſailles, toujours conduit & gardé » par le ſieur Précourt, comme un criminel; ici la ſcène » change, & la conduite de nos trois perſonnages devient une » énigme inexplicable; le fugitif d'Étienville pourſuivi comme » un voleur, arrêté par ordre du Roi, & le Baron de Fages » qui ſe prétendoit volé, & le ſieur de Précourt Porteur de » l'ordre prétendu, & ſes deux ſatellites ſi diviſés juſqu'à pré- » ſent, n'auront plus que les mêmes allarmes & les mêmes » deſſeins. »

Voilà comment avec beaucoup d'art, on parvient à tout dénaturer! On occupe, on amuſe, on travaille, peut-être, pour ſa gloire, & l'on expoſe la vérité. C'eſt l'expoſer que de préſenter un fait, & d'en tacher la cauſe. Lorſque cette cauſe eſt connue, que deviennent les ſoupçons que l'on tire, non pas du fait, mais de la magie avec laquelle on le préſente.

M. de Précourt me croit coupable, il exécute avec un zèle outré, un ordre qu'il ſurprend; inſtruis par moi, chargé d'une inſtruction par écrit, il la met ſous les yeux du du Miniſtre, qui, par le refus de ſévir, préjuge en faveur de mon innocence.

Étrange erreur! délire inconcevable!

Vous auriez pu prétendre que nous nous ferions entendus, MM. de Précourt, de Fages & moi ! Et vous les voyez parcourir la Flandres & les Pays-Bas avant d'arriver à Dunkerque où je fuis. Si j'avois été d'accord avec eux, nous nous ferions mutuellement écrit, ils n'auroient point ignoré l'endroit où je m'étois retiré : ils feroient venus droit à moi : ils ne m'auroient pas fait quitter Dunkerque. Ils n'ont point févi contre moi à Paris ? mais ils n'en avoient aucun droit : ils n'en avoient pas le plus léger prétexte ; puifque l'unique bijou que j'euffe reçu de M. de Fages, leur avoit été rendu par moi. Ce fait eft avoué : & ce bijou eft dans les mains des adverfaires.

Quant à leur arrangement poftérieur, je n'y fuis entré pour rien : on ne me reproche pas un feul fait. Qu'ils foient innocens ou coupables, je ne puis participer ni à leur juftification ni à leur condamnation.

Leur défefpoir de jamais prouver que j'aie en rien participé au marché fait après mon retour de Dunkerque, fe décèle fur-tout à la pag. 51.

« Cette petite opération de finance, difent ils, concertée » entre le fieur de Précourt & le Baron de Fages, étoit exécutée » par le fieur de Précourt ; & il eft impoffible de croire qu'elle » s'exécutât à l'inçu & contre le gré de d'Étienville. Ce Bour- » geois de Saint-Omer étoit alors au Temple, à côté du Baron » de Fages, vivant avec lui dans les charmes réciproques d'une » amitié tout-à-fait intéreffante ».

Ils avouent bien clairement qu'ils n'ont aucune preuve contre moi : & leur conjecture frivole n'eft appuyée que fur une perfidie ! Je vivois avec le fieur de Fages & fous l'infpection du fieur de Précourt ; mais, fi j'en crois le fieur de Fages dans le Mémoire qu'il a publié contre moi, fi j'en crois votre procédure même, on ne me traitoit avec tant de bonté que pour me livrer au premier signal.

Ciel ! à quels évènemens n'étois-je pas réservé !

Cependant qui auroit pu croire que le sieur Vaucher & le sieur Loques auroient essayé de donner à leur Cause quelque degré, quelqu'ombre de faveur ! Ils ont spéculé sur-tout ; & ils sçavent tout définir ; & l'Intrigue qui *pour suit la faveur*, & *l'Intrigue qui pour suit les places*, & *l'Intrigue qui se glisse dans le comptoir des Marchands* : on en oublie une seulement. Eh ! seroit-ce à dessein ? On oublie l'Intrigue qui attire dans ces magasins si magnifiques, notre jeunesse qui s'y perd. Cette jeunesse déja trop riche de son âge, & qui ne connoît ni la difficulté d'acquérir ni la nécessité de conserver, porte ses yeux & ses mains sur ces objets de luxe, dont elle se charge & qu'elle donne avec une égale facilité : une signature est si prompte à faire ! & ces sortes de marchands en connoissent si bien la valeur. Le sexe a tant d'attraits & il en est une portion si disposée à recevoir, que contracter, se ruiner & se corrompre sont souvent l'ouvrage d'un jour.

Magistrats ! on vous appelle les Pères de la Patrie, sur-tout, parce que vos exemples sévères, rappellent sans cesse nos mœurs fugitives : c'est à vos enfants à achever votre ouvrage & à les fixer dans leur centre. Craignez que ces temples du luxe ne vous privent & ne nous privent nous-même de notre espoir le plus noble & le plus cher.

Déja l'honneur menace de déserter la bannière ! De jeunes militaires usés par la débauche où souvent ils ont été entraînés par le luxe, osent à peine envisager des armes que leurs pères ont annoblis. Déja excédés par leurs maux, rongés par l'usure, ils verroient dresser des autels à l'Idole qui les a réduits en cet état ! Et bien, placez les donc ces autels fi juftement révérés fur les cendres de ces illuftres Familles, dont le nom ne s'eft perdu que parce qu'elle a dégradé leurs defcendans (1)!

CEPENDANT je croyois être à la fin de ma trifte carrière ; & je reçois au même inftant le coup le plus rude, dont un infortuné puiffe être atteint. Quand je gémis des maux que fouffre un grand Prélat dans fa prifon , fes mains

---

(1) On vit arriver à Rome, fous le règne de Vefpafien, un nommé *Macedo*. L'hiftoire ne nous a pas révélé s'il étoit Juif, toujours eft-il bien fûr qu'il n'étoit pas Chrétien. Macédo étoit un grand Faifeur d'affaire : après avoir épuifé tous les moyens de fpéculation il imagina de prêter aux jeunes Romains, à condition qu'après la mort de leurs pères, ils lui rendroient le double de la chofe prêtée. *Macedo* acquit une très-groffe fortune : chaque jour elle s'augmentoit des débris de celle des Patriciens, qui, à ce prix, trouvoient toutes fortes de facilités. On vit bientôt naître les plus grands défordres : Macedo eut une foule d'imitateurs, La jeuneffe Romaine ne refpirant que le luxe, & plongée dans la débauche, fixa les yeux de l'Empereur & du Sénat ; & ce fut alors que l'on publia le fameux *Senatus Confulte*, qui devoit immortalifer *Macedo*, en rappellant toutesfois le fouvenir de fes brigandages : Ce fameux Décret s'appelle encore aujourd'hui *le Sénatus Confulte Macédonien*.

Cette loi déclara nulles, toutes les obligations faites par les fils de familles, même après la mort de leurs pères.

Macedo ne préfenta ni requête au Sénat, ni fupplique à l'Empereur. Et, fi j'avois un fouhait à former, en faveur de fes imitateurs actuels, ce feroit qu'ils craigniffent au-tant les cenfures de l'Églife, qu'il craignit dans la fuite les verges de la Juftice.

lancent

lancent des traits qui me percentdans la mienne. La défence de mon honneur & de mon innocence , feroit-elle donc un outrage pour quelqu'un , & fur tout pour un Prélat à qui j'aurois tout facrifié !

Non , je ne m'en prendrai point à ce Prince : je n'accufe qu'un deftin cruel : fi fon cœur, aigri par tant d'infortunes,a pû le rendre injufte , c'eft un nouveau malheur , dont je dois être le premier à le plaindre.

Etrange pofition ! Si je garde le filence , je fuis convaincu d'avoir imaginé une fable ; & feulement pout donner quelque confiftance , à une accufation que l'on annonce comme entiérement détruite. Il faut que je me déclare convaincu des plus *monftrueufes impoftures*, & des *contradictions les plus odieufes;* il faut enfin que je foufcriveaux plus humilians reproches & que je m'expofe à une dénonciation dont le Memoire de M. le Cardinal annonce le vœu formel !.... *Les Magiftrats n'auront*, d'après cette production, qu'à *deliberer fur le châtiment que je mérite !* ...

O confufion.... ô trouble de tous mes fens.... ô affliction d'un grand Prince, que vous êtes puiffante, fur une ame fenfible !.... je l'attefte lui-même, j'attefte le Ciel ! Que je crains moins cette dénonciation, que d'augmenter le malheur d'aggraver fes maux par une difcuffion qui lui déplaît.

Je parcours cette production , dont l'empreinte du vrai Génie frappe également tous les yeux ; j'en écarte les expreffions accablantes , pour ne m'attacher qu'aux objets qu'on entendoit foumettre à la difcuffion.

Il en eft plufieurs que j'ai détruis dans mon Mémoire contre le Baron de Fages , à l'article de ma confrontation avec fon Éminence, & encore plufieurs autres que je viens de détruire dans ma réponfe contre les Marchands : quant à

G

ceux-là, je ne reviendrai point fur mes pas. Je me fixe à ceux qui font abfolument neufs pour moi.

L'invraifemblance de tous les faits que contient mon récit ne valoit pas, j'ofe le dire, une feule obfervation. Je n'écris pas d'après les vraifemblances ; mais d'après les faits : Vous femblent-ils être faux, c'eft la faute de la vérité, qui, pour nous confondre tous, fe dépouille de fes attributs ; mais, elle feule a tort : & mon cœur conferve fa droiture. Voit-on que j'aie jamais fongé à me faire un fyftême ? Ai-je feulement médité fur ma défenfe ! Non : votre mémoire me tombe aujourd'hui dans les mains, j'en fais le dépouillement, j'écris & j'accufe la Preffe de fes lenteurs.

Amis de la vérité ! Prononcez cette conduite, eft-elle d'un Impofteur ?

On en revient toujours à cette Terre que je ne nomme pas, à cette Rivière que je foupçonne être la Seine ou la Marne ; mais je décris le tout avec précifion : & je vous déclare encore que la diftance de cette Rivière à cette maifon eft la même que celle qui fépare ma prifon du Pont-Neuf.

Cependant je vais m'aftraindre à l'ordre que j'ai adopté pour la difcuffion : je fuppofe que M. le Cardinal m'interroge de nouveau.

⸗ Cette dame de Courville qui fuyoit de Paris & même de la France où elle n'étoit plus en fûreté, & qui ne va que jufqu'à Arras que pour en revenir à l'inftant ; & pour reprendre la route de Paris, au moment où elle devoit être frappée d'une terreur plus profonde, &c.

⸗ Je n'ai point dit que Madame de Courville étoit revenue à Paris. Prendre la route d'une Ville, à quarante lieues de cette Ville, n'eft pas y arriver.

Si j'avois fait un roman, fi j'avois voulu montrer Madame de Courville fuyant la Capitale; pourquoi, fi le fait n'eût pas été vrai, aurois-je imaginé ce retour vers cette Capitale ? A quoi bon inventer cette épifode d'Arras, qui choquoit mon récit & le rendoit invraifemblable, fans néceffité?

« La vraifemblance n'eft pas un caractère dont tout le monde
» convienne: tel s'étonne de ce qui paroît probable & naturel
» à un autre. L'étonnement ne vient fouvent que de l'ignorance:
» on n'envifage de chaque objet que le côté extraordinaire; &
» l'on ne connoît pas toutes les circonftances qui feroient ren-
» trer l'évènement dans la claffe des chofes fimples & vraifem-
» blables ».

Voilà ma réponfe. C'eft le célèbre Défenfeur de M. le Cardinal qui me l'a fournit. Me demander à moi, le plus borné de tous les Êtres, la caufe de tant d'évènemens extraordinaires, lorfqu'éclairé par le feu & la lumière de la Sageffe & du Génie on avoue que l'on s'égare, eft, peut-être, une preuve de partialité contre moi.

= Des diamans chez elle le 5 Avril, cela ne furprend pas. Elle en avoit. On fçait que le 11 ou le 12 le fieur de la Motte en a emporté pour 400,000 liv. en Angleterre.

= S'il en a emporté pour 400,000 liv. en Angleterre, pourquoi n'auroit-elle pas pu en mettre dans les mains de Madame de Courville, fon amie, pour 432,000 liv. & me propofer de les aller vendre en Hollande.

= Des fcènes jouées par des perfonnages ajuftés, cela ne furprendroit pas davantage, on fçait que cet exercice n'eft pas nouveau pour elle.

= On avoue la poffibilité de la chofe; mais cherchons-en le motif. Que gagnoit-elle à tromper un Être auffi ifolé que moi?

Cette queſtion ſemble nous confondre encore. Les conſeils de M. le Cardinal embraſſent le ſyſtême du ſieur de Fages ; de croire qu'il falloit ſemer le bruit d'un mariage avec la demoiſelle Valois, en accréditant que M. le Cardinal formeroit la dot par la vente des diamans.

⹀ Ne connoiſſant point la demoiſelle Valois, je ne puis répondre à cette conjecture.

⹀ Vous avez placé le théâtre de cette ſcène dans l'appartement même de Madame de la Motte, parce que vous n'étiez plus le maître de choiſir, &c.

⹀ Je n'ai jamais cherché à cacher le nom de Madame de la Motte. Dans mon écrit remis au valet-de-chambre, dans mon interrogatoire au Châtelet, j'ai fait connoître que le théâtre de ces ſcènes étoit dans ſa maiſon : j'ai ſoutenu à ma confrontation ce que j'avois annoncé dans mes déclarations. Dans aucun cas je n'ai cherché à la ménager.

Dans l'intention de faire connoître cette maiſon, ſi j'y étois entré comme on entre d'ordinaire chez quelqu'un, pourquoi, à quel deſſein aurois-je imaginé & la manière dont j'y avois été, introduit & la manière dont j'étois parvenu à connoître cette maiſon ? On peut prétendre que j'ai imaginé une fable, & que j'ai pris toutes les précautions pour écarter tous les traits qui auroient pu la faire recevoir comme une vérité....!

⹀ Il n'y a jamais eu de perſonne du nom de Courville ni d'Augeard ni de Marcilly, dans la maiſon de Madame de la Motte.

⹀ Il n'y a jamais eu de Baronne d'Oliſva ſur la terre, & cependant il y en a une fauſſe à la Baſtille; & bien certainement.

Si, dans la ſcène de Verſailles, cette d'Oliſva ſe fût fait

connoître à M. le Cardinal; &, si, au sortir du Parc elle eût repris son nom de Désigny, sans laisser aucune trace de celui qu'elle avoit accepté pour son rôle, on auroit dit, tous les livres de la Police à la main, que jamais il n'avoit existé de d'Olisva ; M. le Cardinal soutiendroit qu'il en existe une. M. le Cardinal auroit raison & la vérité, qui se plaît à se cacher, auroit eu tort.

Il en est de même de Marcilly & d'Augeard : tous deux ont quitté leur nom de théâtre ; j'ai décris leur figure, leur âge, &c.... On m'avoit dénoncé dans une lettre anonyme un honnête particulier, pour être Marcilly ; ce particulier étoit attaché à M. le Cardinal, la crainte d'aggraver injustement le sort de cette Éminence, & de faire un infortuné de plus, m'a fait mettre en pièces la lettre de l'anonyme.

Ce trait, dont je serois en état d'administrer la preuve, annonce ma bonne-foi ; & ne peut déceler l'envie que j'aurois de nuire à cette Éminence & à ceux qui ont le bonheur de lui appartenir.

= C'est au milieu de toutes ces rêveries parmi la foule de tant de faussetés dégoûtantes, qu'un tel homme ose dire, qu'il ose affirmer, qu'il a vu M. le Cardinal de Rohan deux fois en Avril & une fois en Juillet, rue neuve Saint-Gilles, N°. 13 ; où cette dame n'a jamais demeuré.

= J'articule le lieu, le mois, le jour, l'instant : Prince ! je n'aurai pas la témérité d'essayer de vous convaincre ; mais je puis vous donner un moyen de me convaincre moi-même.

Tous les momens d'un grand Aumonier de France sont consacrés au bonheur public. Chaque jour est marqué par quelqu'action, chaque action par quelqu'avertissement, par quelque souvenir : toutes ces ressources, pour montrer où l'on a pu être, auroient-elles manqué à la fois ! Ce feroit encore une fatalité.

Je n'articule pas pour une feule époque ; j'en articule trois dont une le 12 Avril. Si M. le Cardinal parvient à établir qu'à cette époque, du 12 avril *depuis dix heures & demie jufqu'à minuit* il étoit dans tel ou tel autre lieu, ce fera alors que je confefferai une erreur que je crois encore impoffible.

Je pourrois peut-être me plaindre du ton de mépris avec lequel le Défenfeur de M. le Cardinal fe permet de parler de moi ; fi j'étois capable d'en ufer, ce feroit me donner des droits dont il s'offenferoit : cependant, il étoit bien naturel que dans une Caufe qui devoit choquer toutes les vraifemblances, l'homme honnête oubliât l'honnêteté ; & que le fage oubliât un inftant la fageffe. Généreux Défenfeur, je vous plains plus que je ne vous blâme : un inftinct héroïque vous égare & vous fait oublier ce que vous devez à un infortuné, même en le fuppofant coupable.

Vous nous peignez la pofition d'un illuftre Client : ne faites aucun effort ; il n'en faut pas pour nous brifer le cœur. Vous l'avez vu.... &, je l'ai vu, bien mieux que vous !.. Je l'ai vu, dans ce combat terrible que la juftice m'obligeoit de foutenir contre lui. Son front étoit calme & fon ame paifible : rien n'annonçoit en lui les déchiremens du remord ; &, cependant fes larmes majeftueufes humectoient fes joues : ô douleur !... ô affliction d'un grand Prélat, à quel fouvenir cruel m'avez-vous pour toujours livré !...

Mais... quel eft donc le pouvoir de la vérité ! Puifqu'elle donne à la foibleffe tant d'énergie & un auffi grand caractère !

Seul, ifolé, abandonné de toute la terre, n'ayant en perfpective que ces murailles affreufes dont le noir filence n'eft troublé que par des cris plus affreux encore, on me tire de cet état pour me préfenter face à face devant un grand Prélat; &, quand le contrafte de fa pofition & de fa grandeur remplit mon ame de confufion & de trouble; quand ce contrafte me plonge dans une forte de néant, je n'en fors que pour dire à ce Prélat ces mots qu'il trouve fi funeftes.... *Oui,... Monfeigneur, c'eft vous-même.*

= L'appartement de Madame de la Motte étoit fermé à clef, avant le 9 d'Août: vous en avez donc impofé, lorfque vous avez dit y être entré ce jour-là & plufieurs jours d'enfuite.

= Loin que cette circonftance prouve contre mon récit, elle tend au contraire à en affurer la vérité.

J'ai dit, & la procédure de la Baftille doit en établir la preuve: j'ai dit que Madame de Courville m'avoit paru être dans la plus grande agitation, le 7 d'Août; & j'ai foutenu à Madame de la Motte, à la confrontation, qu'elle étoit l'amie de cette dame de Courville.

Il réfulte du Mémoire de M. le Cardinal, qui nous donne fidélement les dates, il réfulte que les allarmes de Madame de la Motte, fe font manifeftées fur la fin de Juillet; il eft bien naturel alors de croire que le trouble de fon ame, s'eft communiqué à fon amie.

C'eft le 4 d'Août, que M. le Cardinal donne un azile dans fon Palais à M. & à Madame de la Motte; & c'eft le 6, qu'ils partent pour Bare-fur-Aube: qu'introduit dans l'appartement aux jours de ce mois que j'indique, je n'y aye trouvé ni M. ni Madame de la Motte, on s'étonneroit que je les y euffe trouvés l'un ou l'autre: mais que l'on s'étonne que Madame de Courville, après leur depart, ait été introduite myftérieufement , dans cet appartement où tout étoit myftérieux , que le dépofitaire de la clef eût refufé de lui prêter cette clef , ou qu'elle n'en eût pas une double; ce feroit dire que Madame de la Motte , qui dans le fyftème de M. le Cardinal, l'a lui-même féduit , feroit incapable d'aucun artifice : ce feroit fermer nos yeux fur cette inconcevable magie qui l'excufe.

En raifonnant dans le fens de ma dépofition, c'eft-à-dire, que cette dame de Courville figuroit dans cet appartement au fçu & au gré de M. le Cardinal , il n'y aura pas plus lieu de fufpecter mon récit ; il s'affermit par la même réponfe.

⚞ La dame de la Motte nie qu'elle ait vu d'Étienville chez elle : elle nie tout fon Roman. Elle déclare à la derniere confrontation (avec M. le Cardinal fans doute,) qu'elle n'a connu cette fable , que par une lettre adreffée à fon défenfeur, par ce même d'Étienville , qui offre de donner fon Roman pour 2000 écus , à condition qu'il aura lui la liberté de fuir en Italie.

⚞ La lettre qui fuit, fuffiroit pour me juftifier de cette imputation douloureufe, elle eft adreffée à ce même Defenfeur , que le mien a eu foin de voir, j'écris fous les yeux de ce Défenfeur & je fuis forcé de déclarer, que fa Cliente en a impofé.

Voici cette Lettre.

M.

« Je reçois à l'inftant une note de mon Défenfeur, par
» laquelle il me marque, que, Madame de la Motte, a dit
» dans fa confrontation, qu'elle n'a connu mon hiftoire, qu'elle
» appelle une fable, que par une lettre que j'ai eu l'honneur de
» vous écrire; & par laquelle je vous offre de donner mon
» roman pour deux mille écus, à condition que j'aurai la liberté

de

» de fuir en Italie. Cette prétendue confrontation fe trouve
» inférée pag. 95 du Mémoire de Monfieur le Cardinal : elle
» eft bien faite pour ébranler mon Défenfeur. Je vous écris en
» conféquence cette lettre, qui paffera fous fes yeux, & que
» vous recevrez par fon canal, pour que vous ne puiffiez pas
» douter de mon écriture & de ma fignature ; & que vous
» puiffiez la comparer avec celle que l'on prétend que vous
» avez reçue concernant l'offre de vous vendre mon manuf-
» crit deux mille écus ».

        Je fuis avec une refpectueufe confidération,

        figné DE BETTE D'ÉTIENVILLE.

Convenons cependant que Madame de la Motte infpiroit
bien peu de confiance, dans l'allégation d'un femblable fait.

A quelle époque aurois-je fait cette propofition....? dans
quel tems aurois-je pu lui demander deux mille écus.....?
dans quel tems : Elle qui, depuis le mois d'Août dernier, eft
au-delà des ponts & fous les inviolables verrous de la Baftille :
dans quel tems pouvoit-elle affurer ma fuite en Italie.....?

Dans la pofition où eft Madame de la Motte, elle peut
tout dire, mais nous dont la raifon n'eft troublée par aucun
fentiment de crainte, nous ne devons ni tout écrire ni tout croire.

= Vous êtes tombé dans d'odieufes contradictions ; vous
avez écrit dans votre premier mémoire, comme certain de m'a-
voir vu rue neuve Saint Gilles : une fois convaincu, vous
n'avez pu ceffer de l'être ; &, cependant vous avez écrit à
l'un de mes Valets de chambre, que vous défiriez m'être
confronté, *pour confondre la malice des infames qui avoient ourdi
une pareille trame.* Ce Valet de chambre vous ayant inftruit
que tous vos perfonnages & vous-même, m'étiez parfaite-

ment inconnus : Vous avez encore reconnu plus pleinement votre erreur ; vous n'en avez pas moins dépofé dans le fens de votre fable ; & le jour même de votre dépofition, vous demandez de nouveaux fecours à ce Valet de chambre, qui vous avoit déjà prêté cinq louis.

= Je reçois vos bienfaits, & le jour-même que je fais cette dépofition qui vous offenfe ; c'eft une preuve que je les ai reçus en homme digne de vous ; le fieur Rots me dit qu'on m'a fait paroître un fantôme : il ne me contefte pas que j'aie vu un Cardinal dans ce fantôme : mes doutes devoient fe placer à côté de ma conviction, jufqu'à ce qu'elle s'affermît à la confrontation : il n'y avoit point de conviction qui nedût céder à la dénégation d'un grand Prélat. Cette conviction ne pouvoit s'ébranler & même fe détruire qu'à la confrontation : je pouvois à cette confrontation, reconnoître & confeffer l'erreur qui m'auroit été faite : Le contraire a eu lieu. J'ai confeffé alors la réalité d'une fcène, jufqu'à cet inftant, incroyable. Mes fens m'ont-ils trompés ? La loi confacret-elle cette erreur ? Ce n'eft point à moi à m'en occuper : mais jufqu'à cet inftant, j'ai toujours pû manifefter le defir de confondre la malice des infâmes, que , d'après l'affirmation du fieur Rots, je devois croire les auteurs *d'une trame.*

= Vous êtes convaincu de faux par vous-même, vous avez écrit des lettres à Madame de Brionne , où l'on trouve que *je vous ai fait déclarer que je n'étois pour rien , dans la trame odieufe qui s'eft jouée chez Madame de la Motte ; que tant que vous avez été perfuadé, que j'étois cette perfonne qui vous avoit employé , vous vous êtes refufé à dépofer, dans la crainte de m'être contraire ; comme vous l'auriez été , fi je n'étois pas fauffement impliqué dans cette noirceur. J'ose*, dites vous positivement, *former des vœux pour que le fil d'une intrigue aussi abominable, soit enfin découvert, & que les auteurs d'une pareille trame soient punis comme ils le méritent.... J'ai pensé à faire parvenir une Lettre à M. le Cardinal.... bien convaincu que touché de mon état, il viendroit au secours d'un infortuné, qui ne gémit dans les fers que parce qu'on l'a trompé* &c.

Je dois d'abord observer que j'ai écrit plusieurs autres lettres qui ne sont pas rapportées, & dont l'ensemble dissiperoit tous les doutes : au surplus ou je me trompe ou il est impossible de voir dans la lettre que l'on entendoit m'opposer, *que je sois convaincu de faux par moi-même.*

Chaque mot, dans cette lettre, détruit le soupçon d'intimité & de complicité que l'on me supposoit avec Madame de la Motte. Cette lettre est antérieure à la confrontation & toujours d'après l'assurance que l'on m'a donnée de la part de M. le Cardinal, que sa main que j'avois respectueusement baisée dans la rue Neuve Saint-Gilles, étoit celle de son fantôme ; mais dans la suite de cette lettre je m'annonce comme prêt à confondre Madame de la Motte, *je déclare que rien ne sçauroit vaincre ma droiture*, que s'il faut périr dans l'excès de mes infortunes, je veux périr sans remord ; & que ma déposition n'a été faite *qu'après le désaveu formel de M. le Cardinal.*

Cependant, comment est-il possible de soupçonner un manque de délicatesse à celui qui termine cette lettre par la frase suivante?

« Peut-être suis-je assez infortuné pour que la délicatesse » soit la seule cause qui ait déterminé votre Altesse à ne me pas » faire passer les secours que j'ose réclamer. Ne craignez pas, » Madame, que l'on puisse soupçonner que vos bienfaits soient

» dans le cas d'altérer ce que je dois à ma probité & à M. le
» Cardinal que je crois fermement innocent d'après son défa-
» veu » !

Comment une lettre, qui feroit l'apologie de toute autre
qui l'auroit écrite, a-t-elle pu m'être oppofée, comme devant
mettre le fceau à la confufion dont on entendoit me couvrir !

Dire à un Prince, dont on follicite les fecours, qu'on le croit
innocent, lui déclarer que, fi, par une fatalité qui doit anéantir
notre raifon, il en étoit autrement, fes bienfaits ne pourroient
nous faire décliner de notre droiture ; c'eft inconteftablement
l'honorer & s'honorer foi-même :

Difons avec confiance, qu'une circonfpection timide s'eft
oppofée au penchant généreux de M. le Cardinal. Une fauffe
crainte a enchaîné fes mains bienfaifantes : s'il eût fuivi les
mouvemens de fon cœur, il auroit un argument de plus ; il
étoit bien naturel qu'étant dans l'infortune lui-même, il
vint au fecours d'un infortuné ; fur-tout lorfqu'il voyoit que
leurs maux avoient la même caufe & partoient de la même
fource.

Ce n'étoit que dans cette confiance que je preffois Madame
de Brionne de m'honorer de quelque protection auprès de
M. le Cardinal. Tous ceux qui réfléchiront fur la marche du
cœur humain, verront dans mes lettres la preuve de ma
conviction perfonnelle, fur tous les faits que contient mon
récit. Il choque la vraifemblance en bien des points ; mais
quand on voit ma confiance dans ces faits fi extraordinaires,
quand on voit que j'adreffe cet hiftorique qui ne préfente au
premier coup-d'œil qu'un tiffu de fables à M. le Cardinal
lui-même, lorfqu'on voit que c'eft de lui, que c'eft de fon

illuftre famille que je follicite des fecours, en mettant fous fes yeux ces tableaux qui l'offenfent, je défarme l'incrédulité ; une fi grande confiance ne peut s'allier à tant d'impofture, & cette cruelle vérité qui fe cache eft forcée de recevoir un tribut qu'elle avoit trop long-tems rejetté. *Signé* DE BETTE D'ÉTIENVILLE.

Me. MONTIGNY, Avocat.

LEMOINE, Proc.

CONSULTATION.

LE CONSEIL fouffigné, qui a lû le Mémoire pour les fieurs Vaucher & Loque, contre le fieur de Bette d'Etienville, enfemble celui publié pour M. le Cardinal de Rohan.

ESTIME qu'il doit perfifter dans fes précédentes délibérations.

Le Mémoire des fieurs Vaucher & Loque, étant abfolument contraire aux faits conftatés par leurs propres déclarations & par leur plainte, les moyens qu'ils ont employés tombent d'eux-mêmes.

Le contrafte qu'offre le rapprochement de ce Mémoire & de la procédure, excite l'étonnement, & montre la furprife faite aux Jurifconfultes, qui ont appuyé cette production de leur fuffrage.

Difons cependant, qu'en admettant ces faits qui fe trouvent détruits par des actes authentiques, les moyens qu'ils ont employés n'auroient point été applicables dans l'efpèce. Les fieur Vaucher & Loque, font liés par un acte qui n'eft point attaqué : cet acte eft l'obligation qui eft intervenue de gré à gré, au défaut de payement des lettres de change, foufcrites par le fieur de Fages, & qui, comme le conftate la plainte, avoient été antidatées.

Tant que cette obligation fubfifte, ces Marchands font non recevables à demander à y déroger ; le fieur de Fages eft leur obligé, & par corps ; c'eft à eux à confommer leur droit : mais ils ne peuvent, dans l'état des chofes, demander à en changer la nature, même fous prétexte de dol.

Le dol exifteroit, il feroit démontré, qu'il ne donneroit pas lieu à une pourfuite extraordinaire, à une pourfuite au grand Criminel.

Ce dol donne lieu à la refcifion des actes paffés entre majeurs, & fe pourfuit par la voie Civile, en obtenant des lettres du Prince, ce à quoi les fieurs Loque & Vaucher femblent même n'avoir pas fongé.

Ou l'arrangement confenti par l'entremife du fieur de Précourt eft valide, alors on fent toute la témérité de leur plainte : ou il eft nul ; dans ce cas, l'obligation fubfifte dans toute fa force, alors on voit qu'ils font non-recevables ; puifqu'ils n'ont pas même tenté la voie que les loix ont introduite, pour la refcifion des actes, entre majeurs; puifqu'ils n'ont pas même fongé à prendre des lettres du Prince.

Ces Marchands ne font pas auffi favorables qu'ils le penfent ! l'œil ne fe fixe qu'avec douleur, fur leur opération avec le Baron de Fages. Ils n'ont pu & l'on ne peut fe diffimuler, qu'ils entendoient bien réellement faire une affaire.

Le dédit ne pouvoit avoir d'effet, qu'en cas que le mariage n'auroit pas lieu, alors M. de Fages ne pouvoit avoir befoin de ces bijoux : on ne fait point de préfens d'un mariage incertain. Tout démontre que la cupidité les a trahis, tout démontre qu'ils vouloient abforber par leurs fournitures & d'avance, cette riche dot, que l'imagination du fieur de Fages avoit trop facilement faifie.

Le fieur de Fages n'eft pas dans le cas d'invoquer le Senatus-Confulte Macédonien, parce qu'il n'eft pas fils de famille, parce que ce Senatus-Confulte n'eft reçu en France, qu'avec des modífications, mais l'engagement que les Marchands lui ont fait foufcrire, eft fait en fraude de la loi, & dès-lors il eft odieux.

L'article VI, du tit. 34 de l'Ordonnance de 1667, défend expreffément de ftipuler la contrainte par corps. « Défendons, » porte cet article, de paffer à l'avenir aucuns jugemens, obliga- » tions ou autres conventions *portant contrainte par corps, contre* » *nos fujets*, à tous Greffiers, Notaires & Tabellions, de les re- » cevoir, & à tous Huiffiers & Sergens, de les exécuter, encore » que les actes ayent été paffés hors de notre Royaume, à peine » de tous dépens, dommages & intérêts. »

Les Marchands ont trouvé un moyen d'éluder cette loi, en fuppofant des lettres de change antidatées & dès-lors échues : c'eft une fraude qu'ils ont eux-mêmes commife, contre cette loi vivante, qui eft celle de nos Rois. Cette fraude étant avouée par eux-mêmes, ne peut leur profiter, & loin que les faits qu'ils ont configné dans leur plainte puiffent leur fervir pour faire rétrac- ter l'obligation au moyen de lettres de refcifion, ces mêmes faits ferviroient au fieur de Fages, pour faire annuller cette obliga- tion, en ce qu'elle porte la contrainte par corps.

Le fieur d'Étienville, fimple caution dans l'obligation, n'étoit point aftraint à cette contrainte ; & la procédure criminelle des Marchands, ne peut être regardée que comme une tournure de Praticien, que comme une vile rubrique pour l'y affujettir.

Vainement veulent-ils argumenter du dédit : eux-mêmes con- viennent qu'ils n'en ont jamais fait la bafe de leur engagement. Ce dédit exiftoit ; au lieu d'en demander le dépôt, ils ont préféré des lettres de change foufcrites par le fieur de Fages ; ils ont eu ces lettres de change ; ils ont demandé à la place de ces lettres de change, une obligation, & dans l'hypothèfe la plus favorable

pour

pour eux, ils n'ônt point innové contre cette obligation; dans cette hypotèfe, difons-nous, cette obligation fubfifte; ils ont ce qu'ils ont voulu. La loi ne peut dès-lors leur accorder rien au-delà.

Si la plainte des Marchands eut été envifagée dans la fimplicité des faits qu'elle renferme, jamais M. le Lieutenant-Criminel n'auroit décerné des décrets auffi rigoureux : les Marchands fe préfentoient comme porteurs d'obligations, qui entraînoient le par-corps, il falloit les renvoyer à le faire exécuter. Le fieur de Fages étoit préfenté pour avoir imaginé un mariage afin d'ufurper leur confiance; c'étoit à eux à ne pas la donner auffi légèrement : la Juftice Criminelle n'a jamais eu pour objet de venger par l'opprobre & les fupplices les erreurs de ce gehre : la conduite du fieur de Fages a quelque chofe de très-repréhenfible dans le for intérieur ; mais elle ne préfentoit pas à l'extérieur un crime puniffable.

Un Militaire entraîné par la diffipation, contracte une dette quelconque : il donne un faux prétexte au Prêteur, il eft coupable; mais il ne fera pas pour cela traité en Criminel, il fuffit qu'il ait traité de gré à gré, & qu'il ait donné la valeur ou le titre qu'on lui a demandé. Le fieur de Fages, en s'engageant par corps, montre qu'il éroit de bonne-foi.

Et puifque l'opiniâtreté des adverfaires nous y force, ajoutons que pour décreter, il faut que le fait qui donne lieu à la plainte, puiffe être claffé parmi les délits ou les crimes.

Cette réflexion élémentaire nous conduit à examiner parmi quelle forte de crimes on pourroit claffer l'achat des bijoux par le fieur de Fages : ce feroit fans doute parmi le *ftellionat*, mais il n'y en a point ; puifque le dédit n'a jamais été engagé, &

I

que les adverfaires conviennent énergiquement *qu'ils exigèrent des fûretés. indépendantes du mariage.*

Dès que le fieur de Fages n'eft coupable d'aucun crime, il ne peut être fuppofé avoir eu de complice : ainfi tous les décrets qui ont été lancés contre le fieur d'Etienville & les autres co-accufés, font également mal décernés.

Il feroit inutile de nous attacher à ce qui concerne le mariage de Madame de Courville, le Mémoire du fieur d'Etienville, contient d'ailleurs une difcufion folide, qui ne permet pas de douter un feul moment de fa bonne-foi, dans la négociation de ce mariage.

Nous avons vu avec douleur, que le Défenfeur de M. le Cardinal, ait forcé cet infortuné d'étendre cette difcuffion, laquelle d'après ce qui avoit été établi auparavant, pouvoit être regardée comme un hor-d'œuvres.

D'ailleurs la défenfe de M. le Cardinal, porte fur des bafes fi folides, que l'on ne peut voir qu'avec peine, que cette Emi-nence fe foit en quelque forte décidée à provoquer une dénon-ciation qui le met dans une efpece de contradiction avec lui-même.

En effet M. le Cardinal, par un rapprochement heureux de toutes les circonftances de l'intrigue employée pour le trom-per, & de celle qui a conduit le fieur d'Etienville dans l'abyme du malheur où il eft, prouve avec le compas de la démonftra-tion, que ces deux intrigues font forties du même foyer, de la même tête; alors qu'il nous foit permis de demander quelle né-ceffité il y avoit de transformer en coupable, un homme qui, dans la vérité, n'eft qu'une victime innocente ?

Seroit-ce parce que Madame de la Motte l'auroit accufé à la

dernière confrontation ? Mais M. le Cardinal nous la repréfente comme une coupable abfolument convaincue : & même comme convaincue par fes propres déclarations; par fon propre aveu.

La dame de la Motte accufe le fieur d'Étienville ; mais avant elle avoit accufé le fieur & la dame de *Cagliofiro*, dont elle confeffe aujourd'hui l'innocence.

Quelle coupable confiance ! Charger de fon propre crime deux perfonnes innocentes !...

Cependant en accufant le fieur d'Étienville, Madame de la Motte le juftifie : puifque le fait qu'elle allégue n'eft qu'une infigne impofture : ce que nous n'affirmons que pour nous en être affuré par nous-même , en remettant à fon Défenfeur la lettre imprimée pag. 56 & 57 de ce Mémoire.

Nous n'avons point à examiner pourquoi elle l'accufe : c'eft peut être par ce refte de vertu qui fe fait fentir parmi le trouble du remord , au fond d'une ame coupable ; c'eft qu'elle veut épargner cette femme malheureufe à laquelle elle avoit diftribué le rôle de Madame de Courville.

Le Defenfeur de M. le Cardinal a rejetté comme indigne de lui & de fa caufe, de combattre le témoignage du fieur d'Étienville, en lui oppofant la maxime fi fûre, *teflis unus*, nous ofons cependant dire que c'étoit la feule digne de cette Eminence ; les autres reproches répugnoient à fa bonté & à fa juftice ; & l'on n'étoit point affez fûr des faits pour fe permettre de les avancer : ces reproches ne feroient jamais juftifiés. Le refpect borne-là notre réponfe.

Quant à la rétractation du fieur d'Étienville, nous devons le juftifier : fa conviction a toujours été la même ; les doutes que contient fon Mémoire en réponfe au fieur de Fages , &

l'on ne devoit pas s'y méprendre, font les nôtres à nous-même; & non les fiens : ou plutôt ce font ceux de la Loi, ce font ceux du Jurifconfulte : Eh! qui pourroit méconnoître les vérités de ce Mémoire !

Rome confervoit encore quelques traits de fa vertueufe origine, quand le plus fublime de fes Orateurs demandoit au Sénat comment les loix avoient pu faire dépendre la vie ou l'honneur des hommes de la fragilité de leur témoignage.

Leur probité ne garantit pas leur foibleffe, leur affurance n'eft bien fouvent qu'une innocente témérité ; la vérité, qui fe plaît à tromper nos organes trop confians, ne nous donne que fes trompeufes apparences; heureux encore quand elle daigne fe montrer à la fin, & nous faire rougir dés erreurs qu'elle-même avoit préparées.

Les loix font l'ouvrage de la fageffe ; mais de la fageffe des hommes, & croyons qu'elle a plus d'une fois gémi des facrifices qu'elle a faits à la néceffité.

Eh ! dans quel tems devions-nous confeffer la fragilité du témoignage des hommes, fi ce n'eft en ce moment que la main du Roi vient de combler ce gouffre de feu, où ce témoignage avoit conduit l'innocence ! Parlons ici fans figure. C'eft le Roi, oui, c'eft lui, c'eft lui-même qui a confervé la fille *Salmon* : cette Servante a vu deux fois fon bûcher, & c'eft le Roi qui l'en a dégagée.

Des témoins l'accufoient ; mais, la raifon, plus forte que leur témoignage, la démontroit innocente. O Miniftres de la Juftice d'un auffi bon Roi ; vous voyez combien l'Innocence lui plaît, combien elle lui eft chère. Attachez-vous à cette raifon qui vous a fervi pour combler l'abîme ; ce témoin réfifte au fouffle de la corruption & de la faveur, il eſt le même dans tous les tems & dans tous les lieux ; c'eſt lui qui vous dit que le ſang desRohan que les ſiecles ont conſervé ſans tache ne peut ſe ſouiller d'un crime abjeƈt : & que l'infortuné d'Étienville eſt viƈtime d'une illuſion ſupérieure à ſes ſens.

Délibéré à Paris, ce 24 Mai 1786. MONTIGNY, Avocat.

De l'Imprimerie de CAILLEAU, rue Galande , Nº. 64.